中国孩子的汉字启蒙书

汉字！汉字！
汉字原来如此
有表情的字
小豆丫 编绘

华夏出版社
HUAXIA PUBLISHING HOUSE

图书在版编目（CIP）数据

汉字！汉字！汉字原来如此.有表情的字/小豆丫编绘. --北京：华夏出版社，2018.7
ISBN 978-7-5080-9451-9

Ⅰ．①汉… Ⅱ．①小… Ⅲ．①汉字－少儿读物 Ⅳ．①H12-49

中国版本图书馆CIP数据核字（2018）第057454号

汉字！汉字！汉字原来如此：有表情的字

编　　绘	小豆丫
策划编辑	杨小英
责任编辑	杨小英
责任印制	顾瑞清

出版发行	华夏出版社
经　　销	新华书店
印　　装	三河市万龙印装有限公司
版　　次	2018年7月北京第1版　2018年7月北京第1次印刷
开　　本	720×1030　1/16开
印　　张	10
字　　数	100千字
定　　价	36.00元

华夏出版社　网址：www.HXPH.com.cn　地址：北京市东直门外香河园北里4号　邮编：100028
若发现本版图书有印装质量问题，请与我社营销中心联系调换。电话：（010）64663331（转）

前 言
每个孩子都应该有一本汉字书

1

古人说:"物有本末,事有终始,知所先后,则近道矣。"世间的诸多学问,没有人是生而知之的,从小小的孩童到大大的学问家,从无知的懵懂到清楚的洞达,都需要一步步地从头学习。要学习,就不得不认识字,识字是孩子们成长中最可贵的技能。

2

汉字虽然是象形文字,但是在演变过程中,却渐渐失去了原来的形状,看起来不那么象形了。因此孩子学起来会有难度,也不容易提起兴趣。为了方便孩子们的学习,《汉字!汉字!汉字原来如此》将汉字的演变作了梳理,从汉字最初的形象入手,让孩子们看到形状就能认得汉字。

3

《汉字!汉字!汉字原来如此》共收入375个汉字,根据"六书"原理(象形、指事、会意、形声、转注、假借),同时根据现代汉字结构规律,分为五册。选取了该字的甲骨文、金文、小篆、楷书,揭示汉字的诞生、演化过程;同时选取了经典的汉字故事,包含历史故事、神话传说、文化习俗,最后是汉字密码。书中的每一个汉字都是一幅美丽的画,都有一个动人的故事。

4

《汉字!汉字!汉字原来如此》是这样一本书:

第一,必学。375个汉字,都是义务教育阶段孩子必须掌握的汉字。

第二，形象。配以甲骨文字字形的精美插图，以及该字的演变图，孩子只需用擅长的形象思维来学习汉字即可，不容易失去学习的兴趣。

第三，有趣。并非枯燥的文字讲解，汉字知识与趣味故事完美结合，让孩子了解汉字文化，掌握汉字精髓！

第四，深入。因为展现了汉字演变的过程，同时以通俗的语言解释了其意义的变化，因此，孩子能更深入地理解每个汉字的意义。

第五，权威。以《汉语大字典》《古文字诂林》《甲骨文编》《甲骨文字典》《甲骨文字诂林》《金文编》《金文大字典》《说文解字》等为参考资料，选编字形。

5

汉字生生不息，中华文明薪火相传。每一个汉字的演变，都有一个故事、一种情怀。让孩子们看懂中国字，读懂中国心，体会汉字的温度，领略真正的汉字之美，让孩子学会用温暖的心去阅读，学会感受中国的汉字文化，并为之自豪。让孩子们都做堂堂正正的中国人！

6

需要说明的是：书中所选取的历史故事、寓言、神话故事等因为中国地域广阔、民族众多，再加上口耳相传的方式，使这些故事的面貌呈现多样化，流传下来的版本略有不同或相去甚远，同一神话形象在不同的版本中也有不同的故事和身份。所以，在整理编排的时候，我们查阅了大量的古籍资料，以最原始版本为底本，辅以重要参考文献，选取最真实、经典的版本。当然，即使这样，书中难免也存在不妥之处，敬请广大读者批评指正。

目录

- ◎ 笨 ……… 2
- ◎ 慈 ……… 4
- ◎ 亲 ……… 6
- ◎ 恶 ……… 8
- ◎ 忠 ……… 10
- ◎ 善 ……… 12

- ◎ 容 ……… 14
- ◎ 空 ……… 16
- ◎ 豁 ……… 18
- ◎ 羡 ……… 20
- ◎ 固 ……… 22

- ◎ 骂 ……… 24
- ◎ 嚣 ……… 26
- ◎ 笑 ……… 28
- ◎ 喜 ……… 30
- ◎ 哭 ……… 32
- ◎ 悲 ……… 34

- 乐 · · · · · · · 36
- 愁 · · · · · · · 38
- 怒 · · · · · · · 40
- 怯 · · · · · · · 42
- 忘 · · · · · · · 44
- 惧 · · · · · · · 46
- 恐 · · · · · · · 48

- 羞 · · · · · · · 50
- 冷 · · · · · · · 52
- 热 · · · · · · · 54
- 凉 · · · · · · · 56
- 寒 · · · · · · · 58
- 酸 · · · · · · · 60

- 甜 · · · · · · · 62
- 苦 · · · · · · · 64
- 悦 · · · · · · · 66
- 恤 · · · · · · · 68
- 闷 · · · · · · · 70
- 虑 · · · · · · · 72

· 2 ·

◎ 翁 ········ 74
◎ 磊 ········ 76
◎ 累 ········ 78
◎ 吞 ········ 80
◎ 兴 ········ 82
◎ 冤 ········ 84

◎ 怡 ········ 86
◎ 恭 ········ 88
◎ 忧 ········ 90
◎ 愚 ········ 92
◎ 恕 ········ 94
◎ 哑 ········ 96
◎ 骇 ········ 98

◎ 萌 ········ 100
◎ 观 ········ 102
◎ 急 ········ 104
◎ 爱 ········ 106
◎ 怀 ········ 108
◎ 患 ········ 110

◎恨 ‥‥‥‥ 112
◎厌 ‥‥‥‥ 114
◎泣 ‥‥‥‥ 116
◎畏 ‥‥‥‥ 118
◎狂 ‥‥‥‥ 120
◎伤 ‥‥‥‥ 122

◎器 ‥‥‥‥ 124
◎晕 ‥‥‥‥ 126
◎忍 ‥‥‥‥ 128
◎梦 ‥‥‥‥ 130
◎贪 ‥‥‥‥ 132
◎欢 ‥‥‥‥ 134

◎闹 ‥‥‥‥ 136
◎丧 ‥‥‥‥ 138
◎孤 ‥‥‥‥ 140
◎悬 ‥‥‥‥ 142
◎合 ‥‥‥‥ 144
◎弱 ‥‥‥‥ 146
◎渴 ‥‥‥‥ 148
◎疑 ‥‥‥‥ 150

有表情的字

1. 笨

字里乾坤

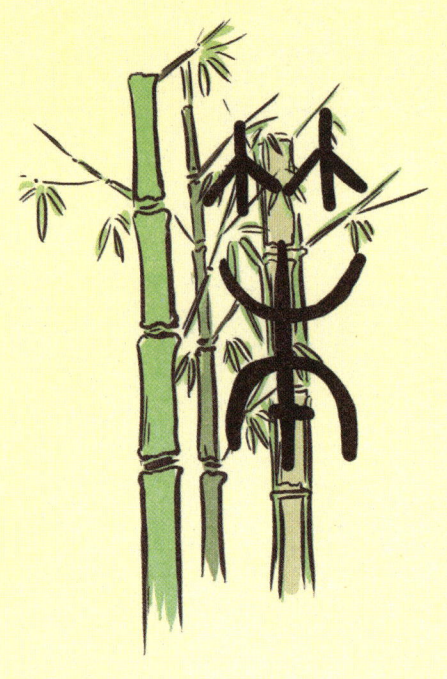

趣话汉字

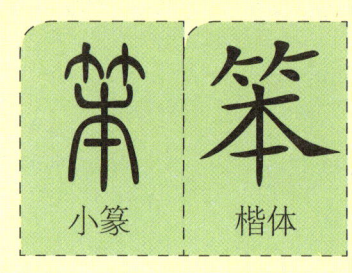

小篆　楷体

　　笨，形声字。篆文字形很清楚，上面是"竹"，下面是"本"，意思是竹子的主体部分就叫"笨"。所以，"笨"就是竹子的内层，俗称"竹黄"，白色，一般缺乏弹性。后来，从竹黄缺乏弹性这一特征又引申为反应慢、不灵活、愚笨的意思。我们说一个人是"笨蛋"，就是说这个人头脑不灵活的意思。

汉字故事

此地无银三百两
cǐ dì wú yín sān bǎi liǎng

　　从前有个人叫张三,他积攒了三百两银子,心里很高兴。但是他也很苦恼,怕被别人偷走,不知道存放在哪里才安全。

　　他捧着银子,冥思苦想了半天,最后在自家房后挖了一个坑,悄悄把银子埋在里面。埋好后,他害怕别人怀疑这里埋了银子。

　　他想了想,又想出了一个办法。他在一张白纸上写下"此地无银三百两"七个大字,出去贴在坑边的墙角上。他感到这样是很安全的了。

　　就在张三回屋睡觉时,隔壁王二去了屋后,借着月光看到了墙角上贴着的纸条。王二心中顿喜,觉得张三就是个笨蛋,于是轻手轻脚把银子挖了出来,再把坑填好。然而,王二回到自己的家里后又害怕起来。他想,如果明天张三发现银子丢了,怀疑是我怎么办?于是,他也灵机一动,自作聪明地拿起笔,在纸上写了"隔壁王二不曾偷"七个大字,也贴在坑边的墙角上。

　　一个张三,一个王二,一个"此地无银三百两",一个"隔壁王二不曾偷",都是做事蠢笨的人。后人便用"此地无银三百两"来比喻本来想要隐瞒掩饰所干的事情,结果反而更加暴露明显的意思。

知识密码

扶不起的阿斗——

　　阿斗是三国蜀汉后主刘禅的小名,是刘备的儿子,母亲是昭烈皇后甘氏。阿斗为人庸碌蠢笨,心无大志,根本没有什么发展前途,成语"乐不思蜀"的主人公就是他。

2 慈

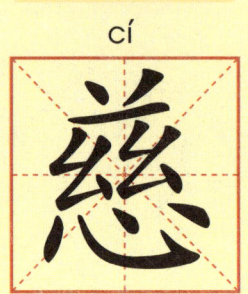

字里乾坤

cí

趣话汉字

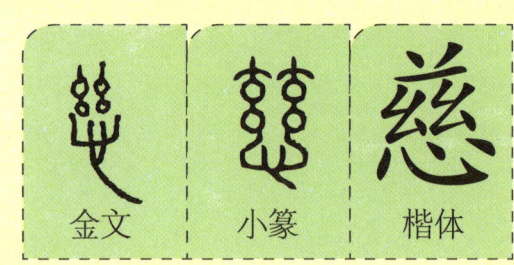

金文　小篆　楷体

慈，会意字。金文字形非常形象，上面是两串细丝，下面是"心"，也就是说，心肠如细丝一般柔软就是"慈"。随着演变，最终变成了上面是"兹"下面是"心"的一个字。人们常用"慈眉善目"来形容一个人和气而善良，一个面容慈祥的母亲更被称为"慈母"。

汉字故事

孟母三迁 (mèng mǔ sān qiān)

孟子是战国时期的大思想家，他从小丧父，母亲仉(zhǎng)氏一人日夜纺纱织布，挑起生活重担。仉氏希望自己的儿子读书上进，早日成才。

一次，孟母看到孟子在跟邻居家的小孩儿打架，觉得这里的环境不好，于是搬家了。她把家搬到了荒郊野外，可是仍然觉得不好，于是又搬家了。这次，她家隔壁是一所学堂，有个胡子花白的老师教着一群大大小小的学生。老师每天摇头晃脑地领着学生念书，孟子也跟着摇头晃脑地念了起来。孟母以为儿子喜欢念书了，就把孟子送去上学。

可是有一天，孟子逃学了。孟母知道后伤透了心，她等孟子玩够了回来，把他叫到身边，平静地说："你贪玩逃学不读书，就像剪断了织绢一样，织不成布；织不成布，就没有衣服穿；不好好读书，你就永远成不了人才。"说着，她抄起剪刀，一下把织机上将要织好的布全剪断了。

孟子吓得愣住了。他认真地思考了很久，终于明白了道理，从此专心读起书来，并在日后成为了伟大的思想家。孟母是中国慈母的典范，她克勤克俭，坚守志节，又不失仁爱贤明。

知识密码

慈禧太后——

清咸丰帝的妃子，她是清末同治、光绪两朝实际的统治者。1861年咸丰帝死，同治帝即位，她被尊为太后，与慈安太后共同垂帘听政，实际上大权独揽。

3. 亲

字里乾坤

qīn

趣话汉字

金文　小篆　楷体

　　亲,形声字。金文左边是一个刑具,右边是一个"见"字,表示探监。因为在古代,一个人一旦被投狱入监,只有因血缘联系着的至近至密的人,才可能去探监慰问。篆文和楷书都继承金文字形,变化不大。最后,汉字简化,去掉了右边的"见"字。值得一提的是,"亲"的本义已经消失,现在一般用它表示关系至近至密的人。

汉字故事

大义灭亲
dà yì miè qīn

春秋时期,卫国的州吁(yù)杀死哥哥卫桓公,自立为国君。

州吁驱使百姓去打仗,激起人民的不满。他担心自己的王位不稳定,就与心腹臣子石厚商量办法。

石厚就去问父亲——卫国的大臣石碏(què),怎样巩固州吁的统治地位。石碏并不认同州吁的做法,就对儿子说:"诸侯即位,应得到周天子的许可,他的地位才能巩固。"石厚说:"州吁是杀死哥哥谋位的,要是周天子不许可,怎么办?"石碏说:"陈桓公很受周天子的信任,陈国和卫国又是友好邻邦。"石厚没等父亲把话说完,就抢着说:"你是说去请陈桓公帮忙?"石碏连连点头。

州吁和石厚就备了许多礼物前去陈国,可他们却被陈桓公扣留了。原来,这是石碏一手安排的。

卫国派人去陈国,把州吁处死。卫国的大臣们认为石厚是石碏的儿子,应该从宽。但是,石碏却选择了"大义灭亲",派了自己的家臣到陈国去,把自己的儿子石厚杀了。

知识密码

"九族"所包括的亲属——

《三字经》中对"九族"的说法是:"高曾祖,父而身。身而子,子而孙。自子孙,至玄曾。乃九族,人之伦。"也就是说,"九族"包括"高祖、曾祖、祖父、父亲、自己、子、孙、曾孙、玄孙"。

4. 恶

字里乾坤

è

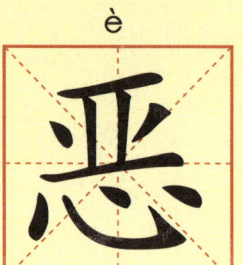

趣话汉字

小篆 | 楷体

　　恶，形声字。从字形演变看，篆文和楷书上部是"亚"，表示内部的封闭圈，下部是一个"心"，合起来就表示心情被禁锢，心里难受。所以，"恶"就是指心里憋屈、憋闷，后来引申为难受的事、不好的事，与"善"相对，又引申为坏人坏事。

汉字故事

嫉恶如仇的海瑞

海瑞是明朝著名清官。他一生嫉恶如仇,清正廉洁,平反冤假错案,打击贪官污吏,深得民心。

在任应天巡抚时,海瑞兴利除害,请求整修吴淞江、白茆河,通流入海,百姓得到了好处。海瑞十分憎恨大户兼并土地的行为,全力摧毁豪强势力,推行了著名的"一条鞭法",安抚穷困的百姓。贫苦百姓的土地有被富豪兼并的,大多夺回来交还原主。因此,他深受百姓的爱戴,大家都叫他"海青天"。

这样的嫉恶如仇引起了众多人的排挤,海瑞因此被罢官,后来又得到明神宗重用,做南京右都御史。海瑞上任后,力主严惩贪官污吏,禁止徇私受贿。有的御史偶尔戏乐,海瑞就按明太祖法规给予杖刑。百官恐惧不安,都怕受其苦。

就是这样的"海青天",死后却没有儿子主持丧事。他生活很俭朴,住处十分破旧,都是用葛布制成的帏帐和破烂的竹器,大家还得筹钱给他办丧事。海瑞的死讯传出,南京的百姓因此罢市,祭奠哭拜的人百里不绝。

知识密码

十恶——

"十恶"是封建时代的刑律所定的十种大罪。根据《隋书·刑法志》上的记载,"十恶"主要包括:一谋反,二谋大逆,三谋叛,四恶逆,五不道,六大不敬,七不孝,八不睦,九不义,十内乱。

5 忠

字里乾坤

zhōng

趣话汉字

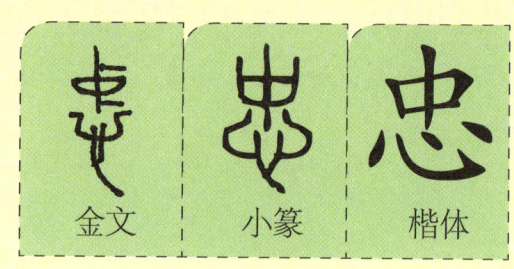

| 金文 | 小篆 | 楷体 |

忠，形声字。"忠"就是指忠诚无私、尽心竭力。金文上部是一个"中"字，下部是一个"心"字，不就是说心中不偏不倚、公正无私吗？篆文继承金文字形，字形基本不变。最后，到了楷书，字形规范化并定型。在生活中，一个忠诚的人往往能得到别人的尊重和钦佩。

汉字故事

jìn zhōng bào guó
尽忠报国

岳飞十五六岁时，北方的金人南侵，宋朝当权者腐败无能，宋军节节败退，国家处在生死存亡的关头。岳飞投军杀敌，不久因为父亲死去，他退伍还乡守孝。

1126年，金兵大举入侵中原，岳飞再次投军。临行前，母亲姚太夫人把岳飞叫到跟前，说："现在国难当头，你有什么打算？"岳飞说："到前线杀敌，尽忠报国！"

"尽忠报国"正是姚太夫人对儿子的希望。她决定把这四个字刺在儿子的背上，让他永远铭记在心。岳飞解开上衣，露出精壮的脊背，请母亲下针。姚太夫人问："孩子，针刺是很痛的，你怕吗？"岳飞说："母亲，如果连针都怕，怎么去前线打仗！"

姚太夫人先在岳飞背上写了字，然后用绣花针刺了起来，刺完之后，岳母又涂上醋墨。从此，"尽忠报国"四个字就永不褪色地留在了岳飞的后背上。

岳飞投军后，很快因作战勇敢升为秉义郎。这时宋都开封被金军围困，岳飞随副元帅宗泽前去救援，多次打败金军，受到宗泽的赏识，宗泽称赞他"智勇才艺，古良将不能过"。就这样，岳飞成为著名的抗金英雄，受历代人民所敬仰。

知识密码

黄忠——

黄忠，东汉末年名将，本为刘表部下，后归刘备，并助刘备攻打益州的刘璋，主要成就为"定军山斩夏侯渊"。《三国演义》里，刘备称汉中王后，封他为五虎上将之一。

6. 善

字里乾坤

shàn

趣话汉字

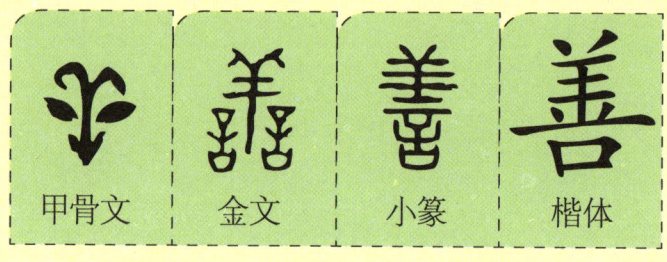

| 甲骨文 | 金文 | 小篆 | 楷体 |

善，会意字，就是吉祥的意思。甲骨文很形象，像是一只慈眉善目的羊。从金文开始，羊的形象还在，只是在下面加上两个"言"，表示语言祥和亲切的意思。到了篆文，下面的"言"只剩下一个，逐渐定型。在古代人的眼中，羊是吉祥的象征，一个友好祥和的人就是"善"。

汉字故事

循循善诱
xún xún shàn yòu

春秋时期的孔子是有名的大思想家，他的学生非常崇拜他。

颜渊是孔子的得意门生之一。有一次，他向众人称赞孔子的教学方法，这样说道："仰之弥高，钻之弥坚；瞻之在前，忽焉在后。夫子循循然善诱人，博我以文，约我以礼，欲罢不能，既竭吾才。如有所立卓尔，虽欲从之，末由也已。"别的弟子听了这话，都说他们也有同感。

颜渊的这句话，是说对于老师的学问与道德，我抬头仰望，越望越觉得高；我努力钻研，越钻研越觉得不可穷尽。看着它好像在前面，忽然又像在后面。老师善于一步一步地诱导我，用各种典籍来丰富我的知识，又用各种礼节来约束我的言行，使我想停止学习都不可能，直到我用尽了我的全力。好像有一个十分高大的东西立在我前面，虽然我想要追随上去，却没有前进的路径了。

后来，人们便从颜渊的话中总结出"循循善诱"这个成语，来表示善于有步骤地引导别人学习。

知识密码

鄯善国——

西域古国之一，本名楼兰国，旧都在楼兰城，遗址在今新疆罗布泊西北岸。汉昭帝元凤四年（公元前77年），遣傅介子刺杀楼兰王安归，改立安归的弟弟尉屠耆，改国名为鄯善，迁都于扜泥城，后该国消失。

7. 容

字里乾坤

róng

趣话汉字

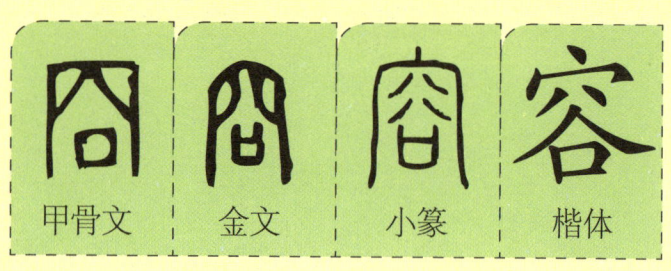

| 甲骨文 | 金文 | 小篆 | 楷体 |

容，会意字。甲骨文和金文上部都是一个穴形，表示石洞，下部是一个口形，表示物品。所以，在石洞里放东西就是"容"。到了篆文，字形变成了上部是"宀"，下部是"谷"，表示可以容纳的意思。

汉字故事

刘胡兰从容就义
(liú hú lán cóng róng jiù yì)

1947年1月12日，国民党阎锡山的军队和地主武装包围了山西文水县的云周西村，刘胡兰因叛徒出卖被捕。领头人张全宝问她："你给八路军做过什么工作？"刘胡兰大声说："我什么都做过！"对方恼羞成怒："你小小年纪就不怕死？"刘胡兰回答："怕死不当共产党！"

为了使刘胡兰屈服，张全宝在她面前将同时被捕的6位革命群众用铡刀一一杀害。张全宝向刘胡兰号叫："你看见了吧，怕不怕？自白不自白，投降不投降？"刘胡兰痛斥："要杀就杀，要砍就砍，我死也不自白！共产党员你们是杀不绝的，革命烈火是扑不灭的，你们的末日不远了。"

群众见自己的亲人来到刑场，一下子涌了过去，被刺刀阻挡。张全宝逼问群众："你们说这7个人是好人还是坏人？"群众中爆发出怒吼："好人，都是好人！"张全宝叫道："快把机关枪调过来，把全村的人统统给我扫光！"就在敌人的机关枪向几百名手无寸铁的乡亲们瞄准时，刘胡兰挺身挡住了枪口，大声呵斥："住手！要死，我一个人死，不许伤害群众。"

就这样，刘胡兰毫无惧色，自己躺在了铡刀上，从容就义，年仅15岁。

知识密码

末代皇后婉容——

郭布罗·婉容（1906～1946），字慕鸿，号植莲，满洲正白旗人。她是清朝逊帝溥仪的嫡妻，清朝与中国的末代皇后，曾为伪满洲国皇后。

8. 空

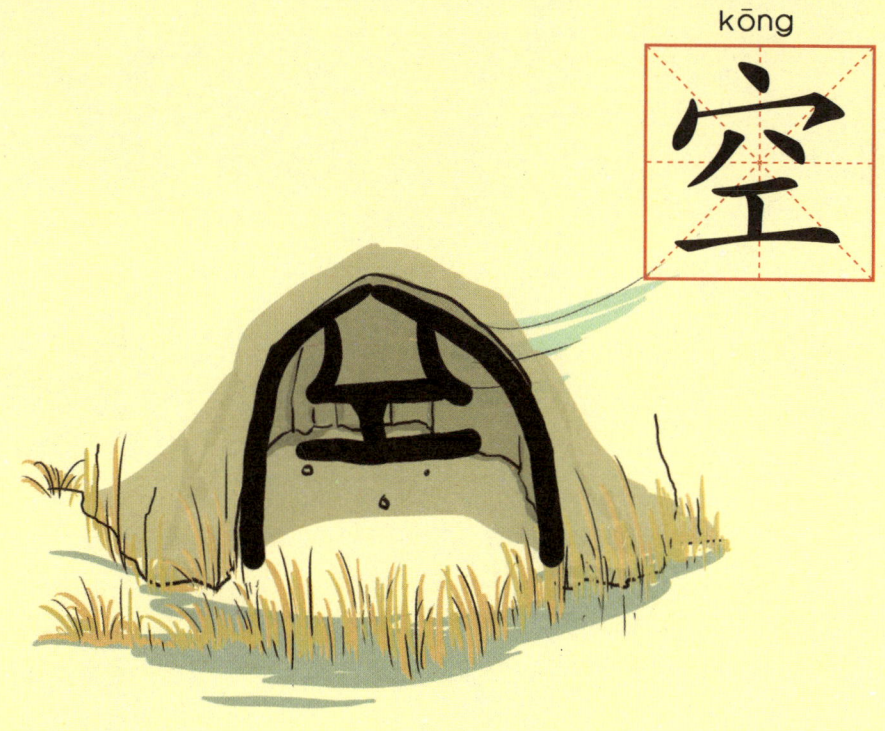

字里乾坤

kōng

趣话汉字

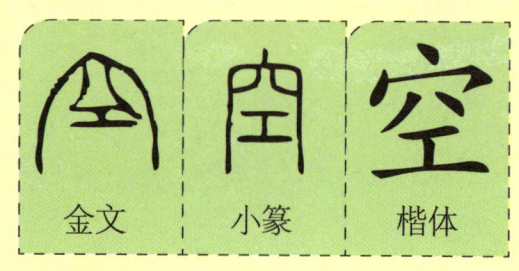

金文　小篆　楷体

空,形声字。金文上部是一个洞穴的形状,下部是个"工",表示洞穴里面空无一物。所以,"空"就是指空虚处、空荡荡的孔穴。"空"的字形基本没有变化,沿用至今。"空"意义广泛,说一个人脑袋一片"空白",就是说什么也没想;说一个人眼神"空洞",就是说这个人面部表情呆滞,没有内容。

汉字故事

空穴来风 (kōng xué lái fēng)

战国时期，一次楚襄王在兰台宫游览，宋玉、景差跟随着。有风飒飒吹来，楚襄王便敞开衣襟迎着风说："这风多爽快啊！这是我和平民百姓共同享有的吗？"

宋玉回答说："这只是大王您一个人独自享有的风罢了，平民百姓哪里能与大王共同享有它呢？"

楚襄王说："风是天地间的一种气流，普遍且畅流无阻地吹送而来，不分贵贱高低吹到每一个人身上。现在你单单以为是我一个人享有，难道有什么理由吗？"

宋玉回答说："我从老师那里听到过这样的说法，枳树弯曲的枝丫上会招来鸟雀做窝，空穴之处会产生风。鸟窝和风是根据环境条件的不同而出现，那么风的气势也自然会因环境条件的差异而有所不同。"

后来，人们便用"空穴来风"这个成语来比喻消息和传说不是完全没有原因，也比喻流言乘机会传开来。现在，这个成语一般用它的相反意思，即指消息和传说毫无根据。

知识密码

悬空寺——

悬空寺又名玄空寺，位于山西省大同市浑源县，是我国仅存的佛、道、儒三教合一的独特寺庙，始建于北魏王朝。它利用力学原理半插飞梁为根基，巧借岩石暗托梁柱上下一体，廊栏左右相连，曲折出奇。

9. 豁

字里乾坤

huò

趣话汉字

小篆　楷体

豁，形声字。篆文右边是个"害"字，表声，左边是一个"谷"字，涧水从山口一路往下，说明山谷畅通。楷书将左右位置进行了对换，这便是我们今天看到的"豁"字。"豁"就是前后相通的山谷，通畅可行。"豁"又可引申为豁达、豁然开朗、豁免、豁出去等意思。

汉字故事

豁然开朗
huò rán kāi lǎng

"豁然开朗"出自晋代陶渊明的《桃花源记》。在这篇文章里，作者虚构了一个没有阶级、没有剥削、没有战争的宁静世界——桃花源。

文中写了一个划着船打鱼的渔人，一天他顺着溪水行船，忘记了路程的远近。忽然遇到一片桃花林，生长在溪水的两岸，长达几百步，中间没有别的树，花草鲜嫩美丽，落花纷纷散在地上。渔人对眼前的景色感到十分诧异，继续往前行船，想走到林子的尽头。

桃林的尽头就是溪水的发源地，那里出现了一座山，山上有一个小洞口，洞里仿佛有点光亮。于是，渔人下了船，从洞口进去了。起初洞口很狭窄，仅容一人通过，又走了几十步，突然变得开阔明亮，豁然开朗起来。

只见，眼前是一片平坦宽广的土地，一排排整齐的房舍，还有肥沃的田地、美丽的池沼、桑树竹林之类的。田间小路交错相通，鸡鸣狗叫到处可以听到。人们在田野里来来往往耕种劳作，男女的穿戴跟桃花源以外的世人完全一样。老人和小孩们个个都安适愉快，自得其乐。

豁然开朗，形容从狭窄幽暗突然变得宽敞。也比喻经过学习、思考或别人的帮助，忽然明白了一个道理。

知识密码

豁蒙楼——

豁蒙楼是清末两江总督张之洞为了纪念其门生、戊戌六君子之一的杨锐而修建的建筑，位于"南朝四百八十寺之首"的南京古鸡鸣寺最高处、风景集散地鸡笼山的东北端。

10 羡

字里乾坤

xiàn

趣话汉字

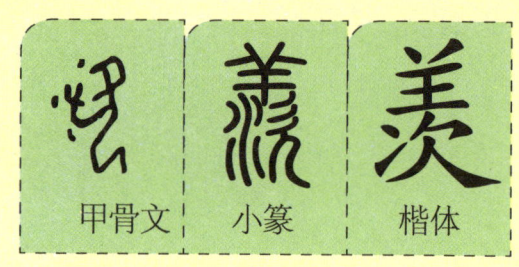

甲骨文　小篆　楷体

羡，会意字。甲骨文是一个面朝左的人形，上部是头，左边有三点，表示嘴里流出的口水。所以，"羡"就是嘴流口水、食欲强烈的意思。到了篆文，又在上面加了一头羊，下面人流口水的样子也有些变形。最后，到了楷书，就变成了上面是"羊"，下面是"次"的字形了。

汉字故事

临渊羡鱼，不如退而结网

"临渊羡鱼，不如退而结网"出自《汉书·董仲舒传》。这句话的本义是说，与其急切地站在河塘边，期盼着、幻想着鱼儿到手，还不如回去下功夫结好渔网，这样就不愁得不到鱼。

《汉书·董仲舒传》中说："故汉得天下以来，常欲治而至今不可善治者，失之于当更化而不更化也。古人有言曰：'临渊羡鱼，不如退而结网。'"意思是说，汉朝希望国家能得到很好的治理，却没有达到这个目的，原因在于没有在观念上、制度上做出必要的改革和调整，于是董仲舒借"临渊羡鱼，不如退而结网"这句古训，来告诫统治者，要治理好国家，必须抓住观念、制度这个根本。

"临渊羡鱼，不如退而结网"告诉我们，有明确的目的固然重要，但如果没有实现这一目的的必要手段，目的将是空幻而不切实际的。例如，我们的目的是鱼，但只有"退"而织好网，才有可能得到鱼。所以，有必要把目的暂时搁置起来，先去努力解决手段的问题，就如同我们要过河，得首先解决船和桥的问题一样。

知识密码

阳羡红茶——

阳羡红茶，又名宜兴红茶，产于江苏宜兴。宜兴在战国时代称"荆溪"，秦时置县，名为"阳羡"。阳羡制茶，源远流长，久负盛名，唐代开始做贡茶。

11 固

字里乾坤

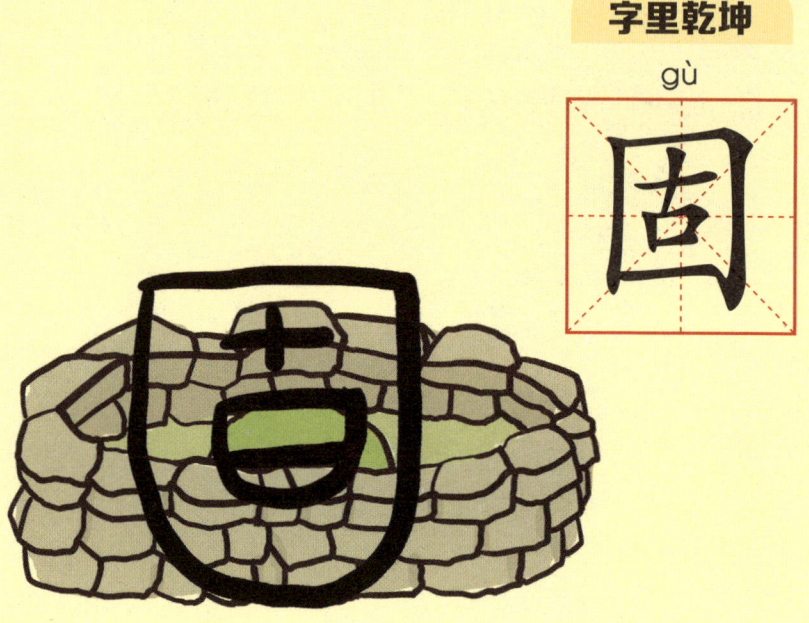

趣话汉字

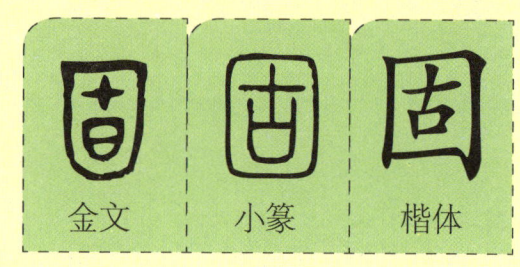

| 金文 | 小篆 | 楷体 |

固,形声字。金文就像四周被围得严严实实的一个东西,里面的"古"表声。从金文到楷书,字形变化都不大。"固"是"围"的古体字,本义就是坚固,由"坚固"之意,还可引申为安定稳固的意思。它还有固执的意思,形容一个人不肯轻易改变自己的想法,顽固保守。

汉字故事

固若金汤
gù ruò jīn tāng

秦末，武臣进攻赵地，不久他就攻打到了范阳城，范阳令徐公准备誓死保城。

当时，范阳城里有一个口才极好的辩士名叫蒯(kuǎi)通，得知武臣已经兵临城下了，就去见徐公，说："我叫蒯通，可怜您就要死了，所以表示哀悼。尽管如此，我又祝贺您得到我。"徐公听了莫名其妙。蒯通道："您做县令已十多年了，杀过许多人，惩罚过许多人，人们之所以不敢报复您，是因为害怕秦朝的法律。现在天下大乱，政令得不到执行，人们都将来找您报仇了。"徐公又问："那为什么祝贺我得到先生呢？"蒯通说了自己的计划，徐公听了以后便同意蒯通去求见武臣。

武臣正在招揽四方豪杰，很高兴地招待了蒯通，蒯通对武臣说："我有一计，不费一兵一卒就能让您得到范阳城，不知您是否想听？"武臣忙问："怎样的妙计？"蒯通说："范阳令是非常怕死的人，他一直想投降的，如果他投降后您把他杀了，其他城池的人就会觉得投降也没什么好处，就会加强防守，到时候，各地都会是金城汤池，不易攻取了。您不如好好招待徐公，其他地方的人看到后，就也会投降了。"

武臣觉得很有道理，就按照他的计策行事。"固若金汤"的成语由此而来，形容城池非常坚固。

知识密码

裕固族——

裕固族是分布于甘肃的少数民族，为回鹘(hú)人的后裔，使用东部裕固语、西部裕固语和汉语，无文字。他们信藏传佛教，未婚女子有戴头面的习俗，主要从事畜牧业，兼营农业，崇尚骑马和射箭。

12. 骂

字里乾坤

mà

骂

趣话汉字

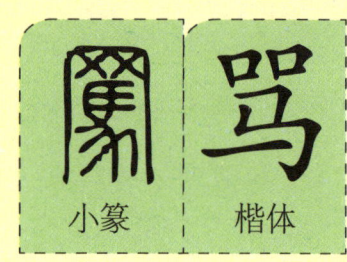

小篆　楷体

骂，形声字。篆文字形十分形象，下面是一匹马，上面是横着的"爻"，表示马匹发出了喧闹声。所以，"骂"就是指马喊叫时的喧闹声。到了楷书，上面变成了"口"，下面是"马"，也就是我们今天看到的字形。因为马叫声听上去不太悦耳，人们便将它作为攻击别人的词，引申为用粗语或恶意的话侮辱人，如辱骂、责骂、骂骂咧咧等。

汉字故事

指桑骂槐 (zhǐ sāng mà huái)

优孟是春秋时有名的戏子，深得楚庄王的宠爱。楚国贤相孙叔敖死后不久，优孟在郊外看到孙叔敖的儿子在山上砍柴。优孟这才知道公孙敖生前廉洁，他的儿子因而沦落到靠砍柴为生的地步。优孟决心帮孙叔敖的儿子渡过难关。经过一番思考之后，他做了一套孙叔敖平时常穿的衣服，每日细心模仿孙叔敖的一举一动。

一天，楚庄王在宫中大宴群臣，优孟穿着孙叔敖的衣服走了过来。楚庄王远远一望，误以为孙叔敖复活，惊讶得差点叫出声来，及至近前，才看出是优孟所扮。楚庄王想起孙叔敖以前的功劳，感慨地对优孟说："你若有孙叔敖的才干，我愿意拜你为相。"

优孟并未磕头谢恩，而是不以为然地回答说："做丞相有什么好处，最后连自己儿子的生计都保障不了！"接着，他把孙叔敖儿子的状况如实地告诉了楚庄王。楚庄王听后，下令召孙叔敖的儿子入朝，加封晋爵，赐绢赏地，从此孙叔敖的儿子过上了富裕的生活。

优孟并不是直接劝谏楚庄王，而是装扮成孙叔敖，对楚庄王进行旁敲侧击，使楚庄王明白了"人走茶凉"这一做法的危害性，从而帮助孙叔敖的儿子改善了生活条件。

知识密码

相骂榜——

五代时，卢损与任赞、刘昌素、薛钧、高总五人同时进士及第，他们性情刚直，自命清高，常常互相诟骂，当时的人于是称该榜为"相骂榜"。

13. 嚣

字里乾坤

趣话汉字

小篆　楷体

嚣，会意字。篆文的中间是个"页"，表示人头，在头部周围有四个"口"。四张嘴正声嘶力竭地喊叫，怎能不吵闹呢？所以，"嚣"就是喧哗吵闹的意思，现在一般指发出的声音很高，譬如喧嚣、叫嚣等。

汉字故事

shèn xiāo chén shàng
甚嚣尘上

春秋时期，晋、楚两国经常发生战争。公元前579年，晋、楚约定彼此互不侵犯。四年后，附属晋国的郑国背晋投楚，晋出兵攻郑，郑便向楚求救。楚国不顾盟约，由楚共王亲自率军赴郑救援。

就这样，双方在郑地的鄢（yān）陵相遇。楚王求胜心切，命令部队抢占有利地形，准备进攻。楚王亲自登上侦察车，察看晋军动静，太宰伯州犁跟在后面。只见晋军营内一会儿张起帐幕，一会儿又撤除帐幕。伯州犁说："这是战前占卜，求祖先保佑！"

突然，一阵烟尘弥漫开来，楚王说："看，那边喧嚣得厉害，尘土飞扬起来了！"伯州犁答道："晋军正在塞井平灶！"楚王下令说："好，打吧！"两军交锋，楚、郑两国阵容不严密，而晋军在晋厉公的率领下，攻击勇猛。这一仗，从清晨一直打到晚上星星出来才收场，最后以楚军彻底失败而告终。楚王乘着夜幕笼罩，率领残兵悄悄地逃走了。

"甚嚣尘上"是人声喧嚷、尘土飞扬的意思，原形容军中正忙于准备的状态，后来形容消息普遍流传，议论纷纷。现在，一般指某种言论十分嚣张。

知识密码

大嚣——

大嚣是太白星即金星的别名，它是太阳系中接近太阳的第二颗行星，也是各大行星中离地球最近的一颗。我国古代把金星叫作太白星，早晨出现在东方时叫启明，晚上出现在西方时叫长庚。

14 笑

字里乾坤

xiào

趣话汉字

小篆　楷体

笑，形声字。篆文的上部是竹叶的形状，下部是一个"夭"字，表示屈身低下的意思。两部分合在一起，表示当竹林遇到风，竹身就会弯曲，同时发出欢快的声音，就像人的笑声一样。

汉字故事

烽火戏诸侯——妃子一笑
(fēng huǒ xì zhū hóu——fēi zǐ yī xiào)

周朝有个周幽王,是一个非常残暴而腐败的君主,他有个爱妃名叫褒(bāo)姒(sì),长得非常美丽。褒妃虽然很美,但是"从未开颜一笑"。为此,周幽王就说:"谁要能叫娘娘一笑,就赏他一千斤金子。"

于是,有人想出了一个点起烽火戏弄诸侯的办法,想换取娘娘一笑。一天傍晚,周幽王带着爱妃褒姒登上城楼,命令四下点起烽火。临近的诸侯看到了烽火,以为西戎来犯,便领兵赶到城下救援,但见灯火辉煌,鼓乐喧天。

一打听,他们才知道是周幽王为了取乐娘娘而干的荒唐事儿,各诸侯狼狈不堪,敢怒不敢言,只好气愤地收兵回营。褒姒见状,果然淡然一笑。

但是,事隔不久,西戎果真来犯,周幽王慌慌张张点起了烽火,却没有援兵赶来。原来,各诸侯以为周幽王又是戏弄他们。结果都城被西戎攻下,周幽王也被杀死了,从此西周灭亡了。

知识密码

《笑林广记》——

《笑林广记》是中国古代的一本笑话集,由清代的游戏主人收集而成。《笑林广记》全书共分十二部,该笑话集取材多自明清时的笑话,形式上以短小精悍为主。

15. 喜

字里乾坤

xǐ

喜

趣话汉字

| 甲骨文 | 金文 | 小篆 | 楷体 |

喜，会意字。甲骨文的上部是一个鼓的形状，下部是一个放鼓的器具，就是说鼓放在下面的器具上便于敲打。金文和篆文继承甲骨字形，变化不大，字形一直沿用至今。打鼓，一般表示发生了值得庆贺的好事，所以"喜"是个带给人快乐的词。

汉字故事

喜鹊传说

民间将喜鹊作为"吉祥"的象征,关于它有很多有趣的神话传说。

关于喜鹊报喜,有这样一个故事:唐朝贞观末年有个叫黎景逸的人,他家门前的树上有个鹊巢,他常喂食巢里的鹊儿。时间一长,人与鹊儿有了感情。

一次,黎景逸被冤枉入狱,他倍感痛苦。有一天,他喂食的那只鹊儿停在狱窗前,欢叫不停,他暗自想大约有好消息要来了。果然,三天后他被无罪释放。原来喜鹊变成人,假传了圣旨。

有了故事印证,"画鹊兆喜"的风俗大为流行,品种也有多样:如两只鹊儿面对面叫"喜相逢";双鹊中加一枚古钱叫"喜在眼前";一只獾和一只鹊在树上树下对望叫"欢天喜地"。流传最广的,则是鹊登梅枝报喜图,又叫"喜上眉梢"。

知识密码

妹喜——

妹喜,生卒年不详,又作妹嬉、末喜、末嬉,她是有施氏的公主,当时的全国第一美女,夏朝第十七位君主桀的王后,淳维的后母,她是中国有记载以来的第一个亡国王后。

16. 哭

字里乾坤

kū

趣话汉字

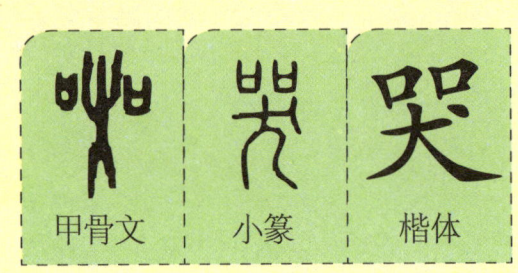

| 甲骨文 | 小篆 | 楷体 |

哭，会意字。甲骨文中间是一个人，似乎正高举双手哭天喊地，两边的"口"表示这个人正在号叫。篆文继承甲骨字形，表示一个人遇到了伤心事，正在捶胸顿足，十分悲痛。最后，到了楷书，下面的人形突然变成了"犬"，变化较大。

汉字故事

秦庭之哭 (qín tíng zhī kū)

春秋时期，诸侯之间常年混战。吴国派出大军，大肆进攻楚国，楚国出兵应战，大败。

在这种情形下，楚国大臣申包胥前往秦国求救，秦哀公考量再三，举棋不定，迟迟不发兵救楚。申包胥就站在庭墙边不走，大声哭泣起来，日也哭，夜也哭，一滴水也不进。

就这样，申包胥哭了七天七夜，人憔悴得不成样子。秦哀公深受感动，为他赋了一首《无衣》，就答应了出兵，发战车五百乘，让大夫子满、子虎前去救援楚国。吴国因受秦、楚夹击，加之国内动乱而退兵。

楚昭王复国后要封赏申包胥，他坚持不接受，带着一家老小逃进了山中隐居。从此，申包胥因"秦庭之哭"这件事被列为中国的忠贤典范。

知识密码

孟姜女哭长城——

相传秦始皇时劳役繁重，范喜良、孟姜女新婚才三天，新郎就被迫去修筑长城，劳累而死，尸骨被埋在长城下。孟姜女万里寻夫来到长城，痛哭三日三夜，长城为之崩裂，露出范喜良尸骸，孟姜女于绝望之中投海而死。

17 悲

字里乾坤

趣话汉字

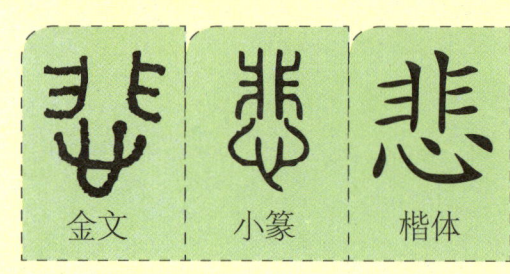

悲，形声字。金文的上部是一个"非"字，表示相背的意思，下面是一个"心"字，合在一起就是说与自己的心意相背。既然相背，必定是悲痛而哀伤的，所以"悲"就是指出现了违背心愿的现象，心中痛楚。从篆文到楷书，"悲"的字形变化不大，都是上"非"下"心"。

汉字故事

乐极生悲 (lè jí shēng bēi)

战国时期的齐威王是个喜欢彻夜饮酒的君王。有一年,楚军进攻齐国,他连忙派自己信得过的使节淳于髡(kūn)去赵国求救。淳于髡果然不负齐王重托,到了赵国就请来了十万大军,吓退了楚军。齐威王十分高兴,立刻摆设酒宴请淳于髡喝酒庆贺。

齐王高兴地问淳于髡:"先生你要喝多少酒才会醉?"他想了想,回答道:"我喝一斗酒也醉,喝一石酒也醉。"齐王不解其意。淳于髡解释说自己在不同场合、不同情况下酒量会有所变化,最后说:"我得出一个结论,喝酒到了极点,就会酒醉而乱了礼节;人如果快乐到了极点,就可能要发生悲伤之事,也就是乐极则悲。所以,我看做任何事都是一样,超过了一定限度,则会走向反面了。"

这一席话说得齐威王心服口服,当即痛快爽朗地表示接受淳于髡的劝告,今后不再彻夜饮酒作乐,改掉自己可能走向反面的恶习。"乐极生悲"这成语由此而来。

知识密码

《悲愤诗》——

《悲愤诗》是一首五言古诗、自传体骚体诗,由东汉文学家蔡琰所作。全诗一百零八句,计五百四十字。它真实而生动地描绘了诗人在汉末大动乱中的悲惨遭遇,也写出了被掳人民的血和泪。

18 乐

字里乾坤

yuè

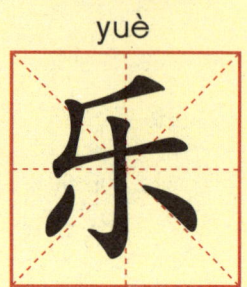

趣话汉字

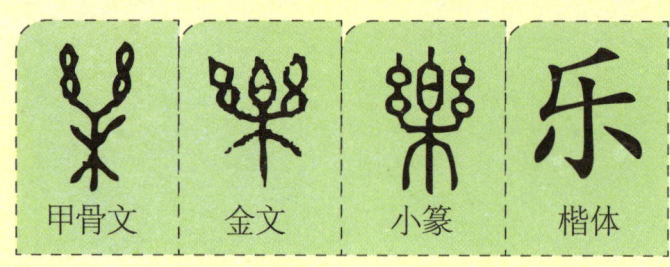

| 甲骨文 | 金文 | 小篆 | 楷体 |

乐，象形字。甲骨文是古代琴的样子，像琴弦附着在木上的形象。金文和篆文在甲骨字形的基础上，在中间加了一个"白"，表示调弦的器具，更落实了"乐"是乐器的意思。最后，字形简化，就成为我们今天看到的样子。"乐"就是乐器，因为乐器发出的声音能使人快乐，所以又引申为快乐的意思。

汉字故事

乐府诗 (yuè fǔ shī)

乐府的名称，起源于秦，汉惠帝时设"乐府令"，汉武帝时立"乐府署"，当时是掌管音乐的官府。由于该官署是采集赵国、秦国、楚国各地的歌谣，后人便以乐府或乐府诗作为民歌的代称。汉人乐府最早称"歌诗"，也就是可以歌唱的诗。其后文人也大量仿制民歌来写诗，于是有民间无名氏的乐府和文人乐府的区别。

汉乐府诗的形成受《诗经》影响，一面继承了《诗经》现实主义的艺术传统和朴实自然的语言风格，一面突破了《诗经》的四言句式，以杂言为主，并逐渐趋向五言，又发展了《诗经》的叙事成分而形成叙事诗，并且发展了《诗经》的赋比兴和比喻手法。

两汉乐府诗的特色，在于"感于哀乐，缘事而发"，多是长篇叙事诗，如《陌上桑》《孤儿行》《孔雀东南飞》等；六朝乐府大都是"缘情而绮靡"的小诗，故大半为抒情诗，如《子夜歌》《华山畿》等，相对的北朝乐府诗雄浑大方，如《木兰诗》。至唐朝，李白集乐府之大成。此外，还有不少看似乐府诗的作品是唐朝以后的诗人在并无乐府曲的情况下自创的篇目，最著名的如杜甫的《丽人行》《兵车行》，白居易的《长恨歌》《琵琶行》等，往往被称为"新乐府"，实际是并不配乐的古体诗，以示与已传世的乐府曲目的区别。

知识密码

乐正——

乐正，古代宫廷中管理乐师与乐器的官名。乐正本来是周朝时的一种官职，在朝廷上很受重视。其后代子孙以此为荣，就以职官命姓，称乐正氏。

19. 愁

字里乾坤

chóu

趣话汉字

小篆　楷体

愁，形声字。篆文上面是由"火"和"禾"组成的"秋"字，下面是一个"心"字。秋天禾谷成熟，看上去就像一片火一样，是收获的季节，但同时也是草木凋零的季节，容易让人产生伤感忧愁的情绪，忧心忡忡。所以，"愁"就是忧愁、伤感的意思。

汉字故事

愁眉与苦脸

"愁眉"是古代的一种化妆术。

汉代的妇女在画眉上是很讲究的。由于不同的画法,就有了所谓"远山眉""新妆愁眉""八字眉"等形式。后汉梁冀家的妇人作愁眉妆,就把眉毛画得细而曲折,表示心中忧愁。

愁眉的画法是和啼泣妆相一致的。

啼泣妆,即在眼下画出黯淡若有泪痕的样子。将眼影画出来,显得眼窝黯淡无光,而能使眼睛显得更明亮。这么说来,愁眉妆、啼泣妆是京师妇人时髦的打扮之一。因此,"愁眉"并不是我们今天所理解的那种"一脸委屈"的样子,而是颇有风度的美丽形象。

"苦脸"源于佛教。佛教认为人世就是个苦海。为了说明人世是苦海,佛教对人的脸形也作了诠释,说人的脸形天生是一个"苦"字:双眉是草字头,两眼与鼻子合成中间的"十"字,嘴下面是"口",加在一起就成了一个"苦"字。

原来,"愁眉"和"苦脸"一开始并非表示皱着眉头、苦着脸的意思。

知识密码

莫愁湖——

莫愁湖位于南京市建邺区,是一座有着1500年悠久历史和丰富人文资源的江南古典名园,为六朝胜迹,自古有"江南第一名湖""金陵第一名胜""金陵四十八景之首"等美誉。

20 怒

字里乾坤

nù

趣话汉字

小篆　楷体

怒，形声字。从字形看，篆文的左上部是一个女人，在她身后有一只手，表示她正为人所役使着，下部是一个"心"字，表示受人役使心里肯定会有不满和愤恨的情绪，这就是"怒"的由来。后来，字形上方的手形变成了"又"，就成为我们今天看到的"怒"字了。

汉字故事

怒发冲冠 (nù fà chōng guān)

赵惠文王得到一块稀有的玉璧,叫和氏璧。秦昭王知道了,便企图仗势把和氏璧据为己有,他表示愿用十五座城池来换这块玉璧。赵王怕秦王派兵来犯,答应了这件事,并派出蔺(lìn)相如前去交涉。

蔺相如带了和氏璧出使秦国。秦王非常傲慢地在临时居住的宫室里召见蔺相如。他接过和氏璧后非常高兴,看了又看,又递给左右大臣和姬妾们传看。蔺相如见秦王如此轻蔑无礼,早已非常愤怒,又见他根本没有交付城池的意思,便上前道:"这玉璧上还有点小的毛病,请让我指给大王看。"

蔺相如拿到和氏璧后,马上退后几步,靠近柱子站住。他的头发直竖,都顶起了帽子,说:"赵王和大臣们商量后,都认为秦国贪得无厌,想用空话骗取和氏璧,因而本不打算把玉璧送给秦国;听了我的意见,才派我送来。今天我到这里,大王没有在朝廷上接见我,拿到玉璧后竟又递给姬妾们传看,当面戏弄我,所以我把玉璧取了回来。大王要是威逼我,我情愿把自己的头与玉璧一起在柱子上撞个粉碎!"

秦王只得道歉,并答应斋戒五天后受璧。但蔺相如预料秦王不会交城,私下早让人把玉璧送归了赵国。秦王得知后,无可奈何,只好按照礼仪送蔺相如回国。

知识密码

怒江——

怒江是我国西南地区的大河之一,又称潞江,上游在藏语中叫"那曲河"。它发源于青藏高原的唐古拉山南麓的吉热拍格。

21 怯

字里乾坤

qiè

怯

趣话汉字

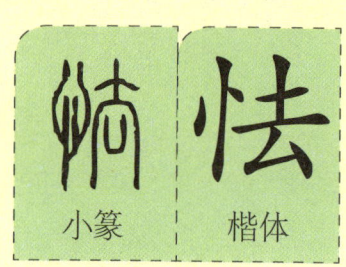

小篆　楷体

怯，形声字。篆文字形的右边是一个"去"字，表示离开、逃避，左边是一个"心"，合起来就是指一个人因害怕而产生逃避之心。所以，"怯"就是说一个人胆子小，畏缩怕事。我们常常说的"怯场"，就是指心里害怕、不敢上场的意思。

汉字故事

近乡情更怯
（jìn xiāng qíng gèng qiè）

宋之问是唐朝有名的诗人，擅长写五言诗。675年，他进士及第，依附武则天的男宠张易之，写过很多应制诗。

后来，武氏去世，唐中宗就将他贬为泷（shuāng）州参军。泷州在岭南，在唐朝时是极为边远的地区，贬往那里的官员，因为不适应当地的自然环境和生活条件，往往不能生还。宋之问十月过岭，次年春天就冒险逃回洛阳。途中经过汉江时，匿居在友人张仲之家里，一时伤感，便写下了广为流传的《渡汉江》：

岭外音书断，经冬复历春。
近乡情更怯，不敢问来人。

意思是，诗人离开家乡到了五岭之外，经过了一个冬天，又到了春天。因为交通不便，已经很长时间没有和家人联系了。此刻，他渡过汉江回家，怎知离家越近，心情就越紧张。因为怕伤了美好愿望，以致遇到同乡也不敢打听家乡的情况。

这首诗因为表达了诗人强自抑制的思乡之情和由此造成的精神痛苦感动了无数人，尤其是"近乡情更怯，不敢问来人"这一句，情感真挚。

大勇若怯——

怯：怯懦。最勇敢的人看外表好像很胆怯的样子。形容真正勇敢的人沉着冷静。

22. 忘

字里乾坤

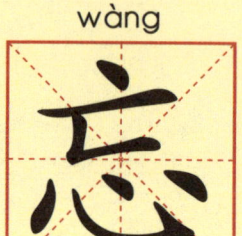

wàng

趣话汉字

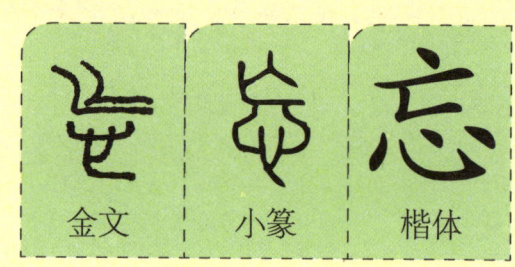

| 金文 | 小篆 | 楷体 |

忘，形声字。金文的上部是"亡"，表示失去，下部是"心"，合在一起就表示丢失了心中记忆的事。所以，"忘"就是不记得的意思。后来，篆文继承金文字形，楷书继承篆文字形，变化都不大。

汉字故事

废寝忘食
fèi qǐn wàng shí

孔子，名丘，字仲尼，是春秋末期的思想家、政治家和教育家，也是儒家学派的创始人。

孔子年老时开始周游列国。在64岁那年，他来到了楚国沈诸梁的封地叶邑。楚国令尹、司马沈诸梁热情地接待了孔子。沈诸梁被人称为叶公，他只听说过孔子很有名，教出了许多优秀的学生，对孔子本人并不十分了解，于是向孔子的学生子路打听孔子的为人。

子路虽然跟随孔子多年，一时却不知怎么回答，就没有作声。后来，孔子知道了这事，就对子路说："你为什么不这样回答他呢：'孔子的为人呀，努力学习而不厌倦，甚至于忘记了吃饭，津津乐道于授业传道，而从不担忧受贫受苦；自强不息，甚至忘记了自己的年纪。'"

孔子让子路这样说，是想向别人显示出他有远大的理想，所以生活得非常充实。后来，人们就从孔子的话中提炼出"废寝忘食"这个成语，用来表现一个人很刻苦，专心致志。

知识密码

忘机瓮——

孔子的学生子贡看见一个种菜老人一次又一次地抱着瓮去浇菜，就建议他用机械汲水。老者愤然作色说："有机械者必有机事，有机事者必有机心。"后来，人们就用"忘机瓮"来比喻人没有机心。

23. 惧

字里乾坤

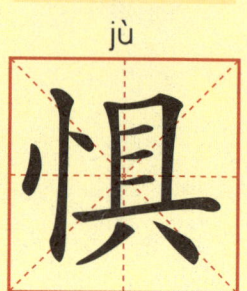

jù

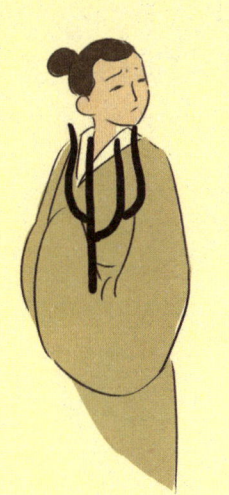

趣话汉字

小篆　楷体

　　惧，形声字。篆文的右边是一只类似鹰隼的大鸟，正瞪着锐利的双眼，左边是一颗心，合起来就表示鹰隼一类的大鸟双眼锐利，令人害怕。汉字简化后，右边大鸟的形象消失，被简化成"具"，但意义不变。

汉字故事

临危不惧 (lín wēi bù jù)

孔子带着学生周游列国,路过匡地。因为他的相貌与当年侵犯过这里的阳虎相像,加上他的学生颜回说起当年跟着阳虎来此的情形,激怒了匡人。于是,他们被匡人重重包围,不得脱身。

孔子的另一个学生子路被冲散了,他担心老夫子受不起惊吓,急忙冲入包围。不料孔子竟谈笑风生,而且还弹着琴,神情并不沮丧。

子路问:"老师,你怎么还有这样的兴致啊?"

孔子答道:"我跟你说,在水中来去,不怕蛟龙的,是渔夫之勇;在野外来去,不怕虎豹的,是猎人之勇;面对着雪亮的刀枪,不怕死向前冲的,是战士之勇;掌握自己命运,认识当前局势,临大难而不惧的,是圣人之勇!"

后来,人们从孔子的话中提炼出"临危不惧"这个成语,强调在危急关头毫无畏惧、从容不迫。

知识密码

惧内——

古代称妻子为内人,丈夫惧怕妻子,便叫惧内。隋文帝杨坚是历史上有名的"惧内"皇帝,他由于过于听从独孤皇后的意见,以致在选择继承人的问题上出现严重失误,最后酿成了无法挽回的悲剧。

24 恐

字里乾坤

kǒng

趣话汉字

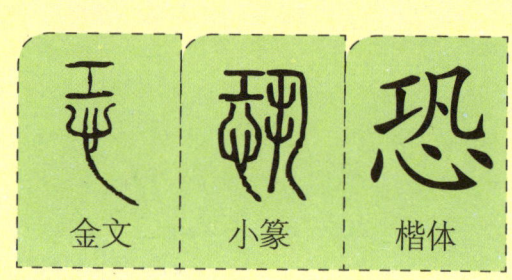

| 金文 | 小篆 | 楷体 |

恐，形声字。金文字形的上部像是用一个杵去击打土，以加固墙体，下部是一个"心"，强调心脏因惧怕而猛跳，就如遭受到了重杵的撞击一样。所以，"恐"就是指心中惊恐、有如杵击一样的感觉。

汉字故事

有恃无恐 (yǒu shì wú kǒng)

鲁僖(xī)公二十六年，鲁国发生了严重的灾荒。齐孝公乘人之危，亲率大军来讨伐鲁国。鲁僖公派大夫展喜来见齐军，在路上展喜遇到了齐孝公。

展喜对齐孝公说："我们的国君派我前来慰劳贵军。"

齐孝公问："你们鲁国人感到害怕了吗？"展喜说："那些没有见识的人可能有些害怕，但我们国君却一点也不害怕。"

齐孝公说："你们鲁国国库空虚，地里连青草也不长，你们凭什么不感到害怕呢？"展喜说："我们依仗的是周成王的遗命。当初，鲁国的祖先周公和齐国的祖先姜太公，同心协力地辅佐成王。成王对他俩十分感激，让他俩立下盟誓，子孙世代友好下去。我们的祖先这样友好，大王您怎么会背弃祖先的盟约，进攻我们呢？我们依仗着这一点，心里毫不害怕。"

齐孝公无言以对，打消了讨伐的念头，只好班师回国了。

"有恃无恐"就出自这个典故，表示因为有所倚仗而毫不害怕，或毫无顾忌。

知识密码

白色恐怖——

　　指在反动政权统治下，反革命暴力所造成的恐怖，如大规模的屠杀、逮捕等。

25. 羞

字里乾坤

xiū

羞

趣话汉字

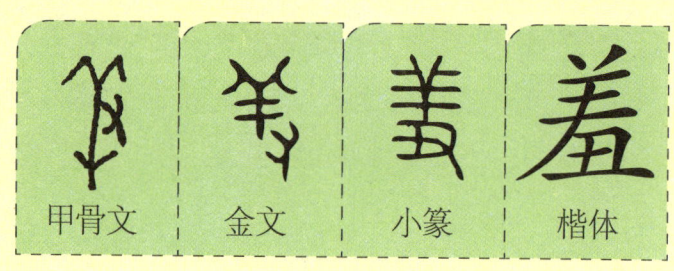

| 甲骨文 | 金文 | 小篆 | 楷体 |

羞，会意字。甲骨文左边是一头羊，右边是一只手，以手持羊，表示进献。金文和篆文皆继承甲骨字形，最后逐渐演化成上"羊"下"丑"的字形。后来，"羞"的进献之意消失了，现在一般用来形容惭愧、耻辱的心情或事情，譬如羞愧、害羞等。

汉字故事

闭月羞花
bì yuè xiū huā

人们说女子长得漂亮，往往用"闭月羞花"来形容。

"闭月"是貂蝉的代称。传说貂蝉在后花园拜月时，轻风吹来，一片浮云将那皎洁的明月遮住。这正好被王允瞧见。王允为宣扬他的女儿长得如何漂亮，逢人就说："我的女儿和月亮比美，月亮比不过，赶紧躲在云彩后面。"因此，貂蝉也就被人们称为"闭月"了。

"羞花"说的是杨玉环。杨玉环被选进宫后，一天她到花园赏花散心，看见盛开的牡丹、月季……想自己被关在宫内，虚度青春，不胜叹息，声泪俱下。她伸出手去摸花，没想到那花瓣立即就收缩了，绿叶卷起低下。原来，她摸的是含羞草。这正好被一个宫女看见。宫女到处说，杨玉环和花比美，花儿都含羞低下了头。

知识密码

山羞——

　　山羞指打猎得到的可以做肉食的野生鸟兽，也指用野生鸟兽做成的肉食，指野味。

26 冷

字里乾坤

lěng

趣话汉字

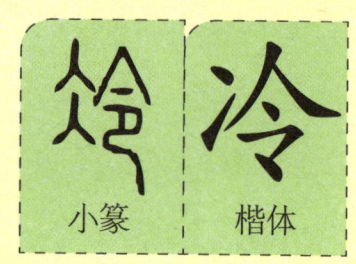

小篆　楷体

冷，形声字。篆文的右边是一个"令"字，上面是伞盖，下面是一个人，表示正在发号命令；左边部分指的是"冰"，"冰"和"令"合起来，就表示"承担食物保鲜任务的冰块"，十分形象。因为古代的皇家冰窖是寒冷的，所以"冷"又引申为天气寒凉的意思。

汉字故事

残羹冷炙
cán gēng lěng zhì

唐玄宗晚年的时候不理朝政,只是宠爱杨贵妃。天宝六年(747年),玄宗下诏选拔人才。三十六岁的诗人杜甫正好在长安,听了消息很高兴。不料考完后,主考官李林甫却宣布无一人入选。李林甫对玄宗说:"天下的英才早被我们网罗光了,没有漏掉一个。"玄宗听了很高兴。

杜甫没想到是这样的结果,十分苦闷。为了维持生计,他只得以"宾客"的身份穿梭于达官贵人之间,过着寄人篱下的生活。汝阳王府、郑驸马府、韦丞相府都是杜甫经常出没的地方,他常常陪着王公大臣诗酒宴游。大家喝得高兴时,他就写首诗助助酒兴,这样持续了九年。

在一首诗中,他这样描述自己的生活:"每天一大早就去敲富人的家门,每天晚上跟着人家的高头大马,风尘仆仆地回来。得到的每一碗剩菜和剩饭(残羹与冷炙),都饱含着悲凉和辛苦。"

不久之后,安史之乱爆发了,杜甫又开始了更加凄凉的流亡生活。

知识密码

冷兵器——

冷兵器一般指不利用火药等热能打击系统、热动力机械系统和现代技术杀伤手段,在战斗中直接杀伤敌人,保护自己的武器。广义的冷兵器则指冷兵器时代所有的作战装备。

27 热

字里乾坤

趣话汉字

小篆　楷体

　　热，形声字。篆文的左上部像是堆起来的很高的土，表示在高处，右边是一个物体，下面是一堆火，合起来就表示在高处给物体全面加温。后来，又引申为喧闹、热情、情谊深厚之义，譬如热心、亲热等。

汉字故事

水深火热
shuǐ shēn huǒ rè

战国时，燕王哙(kuài)改革国政，把君位让给相国子之。将军市被和公子平不服，起兵攻打子之，爆发内战，燕国大乱。齐国乘虚而入，齐宣王派大将匡章率兵十万攻燕。燕国百姓对内战不满，不愿出力抵抗齐军，出现"士卒不战，城门不闭"的局面，有些地方的燕国百姓反而给齐军送饭递水。匡章只用了五十天，就攻下燕国国都。

齐军攻占燕国后，并无撤回之意。匡章又不管束军队，士卒欺凌百姓，燕人纷纷起来反抗。这时，齐宣王向正在齐国游说的孟子请教，问道："有人劝我不要吞并燕国，有人劝我吞并它，到底该怎么办？"

孟子回答说："如果吞并燕国，当地百姓反而很高兴，那就吞并它。古人有此先例，周武王便是。如果吞并燕国，当地百姓并不高兴，那就不要吞并它。古人也有先例，周文王便是。"孟子举了这两个例子后指出："当初齐军攻入燕国，燕人送饭递水表示欢迎，那是因为燕国百姓想摆脱苦日子；而今如果齐国进而吞并燕国，给燕人带来亡国的灾难，使他们陷入水深火热之中，那他们必然会转而盼望别国来解救了！"

知识密码

《热风》——

鲁迅著作，于1925年编定，收入杂文41篇。编集时，鲁迅对当时令人窒息的社会现状感到"寒冽"，以"热风"命名集子，正反映了鲁迅主张深刻批判社会，促醒人们去改革社会的强烈愿望。

28 凉

字里乾坤

liáng

趣话汉字

小篆　楷体

凉，形声字。篆文的右边是一个"京"，表示位置高，左边是"水"，后来改成"冫"，表示结冰，合在一起就指天气变凉，连高海拔的地方也要开始结冰了。后来，它又引申为不热情、态度冷淡的意思。

汉字故事

liáng zhōu cí
凉州词

唐朝盛元年间,陇右节度使郭知运搜集了一批西域的曲谱,进献给了当时的天子唐玄宗。唐玄宗是一个爱好音乐的人,见到曲谱非常喜欢,就交给了当时的教坊,翻译成中国曲谱,配上了新的歌词演唱,并以这些曲谱产生的地名为曲调名。

在这些曲调中,"凉州词"这个曲调听起来十分特别,很多诗人都喜欢。唐代的许多诗人都写过《凉州词》,如王之涣、王翰、张籍等。其中最有名的,是王之涣的《凉州词》,又名《出塞》:

黄河远上白云间,一片孤城万仞山。
羌笛何须怨杨柳,春风不度玉门关。

王之涣是盛唐时期的著名诗人,为人豪放不羁,常击剑悲歌。他的诗经常被乐工制曲歌唱,名动一时。他常与高适、王昌龄等相唱和。他的诗以善于描写边塞风光著称。这首《凉州词》情调悲而不失其壮,所以成为了"唐音"的典型代表。

知识密码

凉州——

公元前106年,汉武帝分天下为十三州,每州设一名刺史。今天的甘肃省区域,就是凉州,因为这里地处西边,常年寒凉,就叫凉州。

29 寒

字里乾坤

hán

寒

趣话汉字

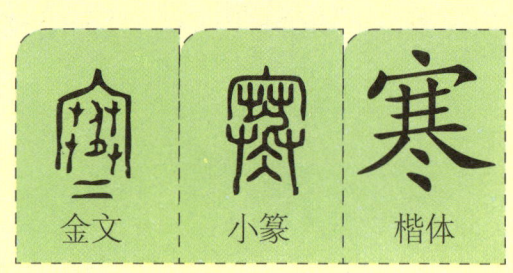

金文　小篆　楷体

　　寒，会意字。金文外部是一个房屋，屋内中间面朝左站着一个人，一只大脚踩着两块冰，真是寒从脚起，难怪要在周围塞上四把草，抵一抵寒气了。随着演变，下面的两块冰变成了两点，中间的草形也逐渐消失，最后就成为我们现在看到的"寒"字。

汉字故事

一曝十寒 (yī pù shí hán)

战国时期，齐宣王昏庸无能，常被朝中的奸人利用。孟子游历到齐国，对此很不满，便不客气地对他说："大王您也太不明智了！天下虽然有生命力很强的生物，可是您却把它放在阳光下晒一天，再放在阴寒的地方冻十天，它哪里还活得成呢！我跟大王在一起的时间是很短的，大王即使有了一点从善的决心，可是我一离开您，那些奸臣又来哄骗您，您又会听信他们的话，叫我怎么办呢？"

接着，他打了一个生动的比喻："下棋看起来是件小事，但假使您不专心致志，也同样学不好，下不赢。弈秋是全国最善下棋的能手，他教了两个徒弟，其中一个专心致志，处处听弈秋的指导；另一个却老是想着有天鹅飞来，准备用箭射它。两个徒弟是一个师傅教的，一起学的，然而成绩却差得很远。这不是他们的智力有什么区别，而是专心的程度不一样啊。"

后来，人们便从孟子所说的话中总结出"一曝十寒"这句成语，用来形容修学、做事没有恒心。如果我们要学习一样东西、做好一件事情，非专心致志、下苦功夫不可。若是今天做一些，把它丢下了，隔十天再去做，那么事情怎么能做得好呢？

知识密码

岁寒三友——

岁寒三友，指松、竹、梅三种植物，因它们在寒冬时节仍可保持顽强的生命力而得名。它们是中国传统文化中高尚人格的象征，也借以比喻忠贞的友谊。

30. 酸

字里乾坤

suān

酸

趣话汉字

小篆　楷体

　　酸，形声字。篆文的左边是一个醋坛子，右边看上去像一个连脚都站不稳的小孩，需要人来扶，正好说明了醋的味道太过刺激，这也就是"酸"的感觉。"酸"的本义就是指醋，因醋的味道比较刺激，后来又引申为心灵受刺激而难以言传的感觉，譬如酸楚、心酸等。

汉字故事

酒酸不售
jiǔ suān bù shòu

韩非是先秦的思想家,他在《韩非子》中讲了这么一个故事:

宋国有一个卖酒的人,量酒的器具很公平,对待顾客也殷勤,他家的酒也很好喝,酒幌子也挂得高,然而就是酒卖不出去。看到自己酿的酒都酸了,卖酒人弄不明白这是什么缘故,便去请教有学问的老人杨倩。

杨倩说:"你家的狗是不是很凶猛?"

卖酒的人说:"狗凶猛,和酒卖不出去有什么关系呢?"

杨倩说:"因为人们害怕呀!有的大人让小孩揣着钱、提着酒壶来买酒,狗就扑上来咬他,这就是你的酒酸了也卖不出去的原因啊。"卖酒的人恍然大悟。

其实,国家也有狗,有才能的人怀着治国之术,想用它使大国的君王明察起来;有的大臣就是恶犬,迎面扑来咬他们。这就是国君所以受蒙蔽、受挟制的原因,也是有本领的人不能被重用的原因。

后来,人们就用"酒酸不售"这个成语来比喻奸臣阻拦了有学问、有贤德的人为国家效力,后来也比喻经营无方或办事用人不当。

知识密码

五味——

指酸、甜、苦、辣、咸五种味道,另一说是酸、甘、苦、辛、咸五种味道。即指药物因功效不同而具有辛、甘、酸、苦、咸等味,既是药物作用规律的高度概括,又是部分药物真实滋味的具体表示。

31 甜

字里乾坤

tián

趣话汉字

小篆　　楷体

甜，会意字。篆文的右边是一个"舌"字，可以品尝味道，左边是一个"甘"字，表示舒服美妙的味觉。人们认为，舌头可以品尝出甜美的味道，这就是"甜"。到了楷书，左边的"甘"变到了右边，右边的"舌"变到了左边，也就成了我们今天看到的样子。

汉字故事

甜言蜜语 (tián yán mì yǔ)

唐玄宗时有一个著名的奸相李林甫,他身居相位长达十九年。他曾对朝中大臣说过这样一句话:"做臣下的,不要那么多嘴多舌,没见那些仪仗马吗,一言不发却享受三品的马料,而叫一声就被废斥不用,到那时候,后悔都来不及了。"大臣们听了李林甫的"马料论"后,因为惧怕,果然都变得乖了。

有一个谏官不听李林甫的话,仍然给唐玄宗提建议。第二天,这个人就被降职到外地去做县令了。大家心知肚明,知道这是李林甫的意思,以后谁也不敢向玄宗提意见了。李林甫知道自己在朝廷中的名声不好,凡是大臣中能力比他强的,他就千方百计地把他们排挤掉。他要排挤一个人时,表面上不动声色,笑脸相待,仍旧甜言蜜语,但转过身就在背地里使坏,暗箭伤人。

就这样,一个个有才能的正直的大臣全都遭到排斥,一批批钻营拍马的小人都受到重用提拔。唐朝的政治从兴旺开始转向衰败,"开元之治"的繁荣景象也渐渐消失了。

知识密码

甜酒——

甜酒,又称江米酒、酒酿、醪(láo)糟(zāo),其主要原料是糯米。它的酿制工艺简单,口味香甜醇美,酒精含量极少,因此深受人们喜爱。

32. 苦

字里乾坤

kǔ

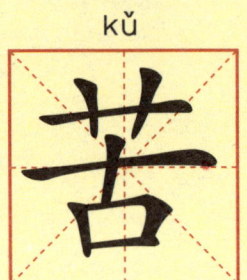

趣话汉字

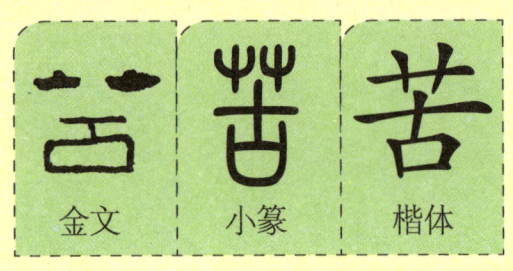

金文　小篆　楷体

苦，形声字。金文和篆文的上部是一种植物的形象，下部是一个"古"字，表示这种植物年代久远，自古有之。由于这种植物的味道像黄连，"苦"还引申为身心艰难的一种情绪感受，譬如苦楚、艰苦等。

汉字故事

苦肉计 (kǔ ròu jì)

越王勾践被吴王夫差打败后，不得不向夫差求和。夫差接受了勾践的请求，但前提条件是勾践要到吴国给夫差当仆人，勾践答应了。

到吴国后，勾践住在山洞里。夫差每次外出，勾践都亲自为他牵马。有人辱骂勾践，勾践始终低眉顺眼，表现出一副驯服的神情。他表面上对夫差忠心耿耿，实际上却在暗中策划复兴越国的方案。

有一次，夫差病了，勾践探望夫差，竟亲口尝了尝夫差的粪便，然后对夫差说："我曾跟名医学过医道，只要尝一下病人粪便，就能知道病的轻重。刚才我尝了大王的粪便，味酸而苦，您是得了'时气之症'。很快就会好，请大王不必担心。"夫差听了很受感动，认为勾践比自己的儿子还孝顺，定无反叛之心，不久便允许勾践回到越国旧地。

回到越国后，勾践卧薪尝胆，苦身劳心，礼贤下士，招兵买马。二十年后，勾践终于报仇雪耻，灭了吴国。

知识密码

人生八苦——

佛教认为，人生有八苦，这八苦即是生苦、老苦、病苦、死苦、怨憎会苦、爱别离苦、求不得苦及五盛阴苦。

33 悦

字里乾坤

yuè

趣话汉字

小篆　楷体

悦,形声字。篆文的右边像是一个"兑"字,其实是"说"的省略,表示说话的意思,左边是一颗心,合在一起就表示说话投机,说到心坎上而内心喜乐。楷书继承篆文字形,并一直沿用至今。

汉字故事

从两情相悦到天各一方

陆游是南宋时期著名的爱国诗人,他出生于一个殷实的书香之家。幼年时期,正值金人南侵,他常随家人四处逃难。这时,他的母舅唐诚一家与陆家交往甚多。唐诚有一女儿,名叫唐琬,自幼文静灵秀,与年龄相仿的陆游青梅竹马、耳鬓厮磨,逐渐两情相悦。

两家父母也都认为他们是天造地设的一对,于是陆家就订下了唐家这门亲上加亲的婚事。成年后,唐琬便成了陆家的媳妇。

从此,陆游、唐琬更是情爱弥深,沉醉于两个人的天地中,陆游的母亲唐氏一心盼望儿子陆游金榜题名、登科进官,以便光耀门庭。目睹眼下的状况,她大为不满,几次以姑姑的身份,更以婆婆的立场对唐琬大加训斥,责令她以丈夫的科举前途为重,淡薄儿女之情。但陆、唐二人情意缠绵,无以复顾,情况始终未见显著的改善。

陆母逐渐对儿媳大起反感,认为唐琬实在是唐家的扫帚星,又以唐琬结婚三年没有生下一儿半女为理由,命令陆游休掉妻子。迫于母命难违,陆游只得答应把唐琬送归娘家。

就这样,曾经两情相悦的一对恋人被活生生拆散,从此天各一方,留下一生的遗憾。

知识密码

心悦诚服——

出自《孟子·公孙丑上》:"以力服人者,非心服也,力不赡也;以德服人者,中心悦而诚服也。"意思是说用强力来压服别人,别人不会心服,是因为力气不够大;用德行来使人服气,才是真的心服。

34 恤

字里乾坤

xù

趣话汉字

| 金文 | 小篆 | 楷体 |

　　恤，形声字。金文字形的右边是一个弯着腰的人形，左边是一个器皿，里面盛着血液。两部分合在一起，就表示一个人内心在流血，形容极度同情而心肌抽搐。到了篆文，左边变成了一颗心，右边是盛血的器皿，强调心里痛苦的意思。

汉字故事

殒身不恤
(yǔn shēn bù xù)

"殒身不恤"出自鲁迅先生《记念刘和珍君》一文。他在文中写道:"至于这一回在弹雨中互相救助,虽殒身不恤的事实,则更足为中国女子的勇毅,虽遭阴谋诡计,压抑至数千年,而终于没有消亡的明证。"

刘和珍出生于贫民家庭,自小好学上进,以优异成绩考入南昌女子师范学校。五四运动前夕,她受到革命思潮影响,开始了革命生涯,被大家推选为女师大学生自治会主席。

1926年3月12日,日本军舰驶入大沽口挑衅,继而纠集列强各国向中国政府发出最后通牒(dié),进行无理要挟。北京各界无比愤慨,刘和珍带领女师大的同学来到天安门,两千多群众开始示威游行。

铁狮子胡同段祺瑞执政府门前的卫队荷枪实弹,如临大敌,几个士兵对手擎校旗的刘和珍指指点点,把罪恶的枪口瞄准了刘和珍。枪声响了,一场预谋的大屠杀开始了。顷刻间,刘和珍身中数弹,卧于血泊之中。同去的张静淑、杨德群急扑过去救助,她说:"你们快走吧,我不行了,不要管我了。"一排枪弹射过来,张静淑、杨德群也倒在她的身边。凶残的士兵冲过来,又用木棒猛击她。刘和珍烈士牺牲时年仅二十二岁。

鲁迅听闻此消息,心中悲痛,便写下了《记念刘和珍君》。

知识密码

人言不足恤——

北宋神宗时期,王安石力主变法,提出了著名的"三不足"论断,即"天变不足畏,祖宗不足法,人言不足恤"。

35. 闷

字里乾坤

mèn

趣话汉字

小篆　楷体

闷，形声字。篆文字形很简单，外面是一个封闭的门，中间困着一颗心，表示关闭自己的心，不与人交流情绪，也不释放自己的情绪，这就是闷闷不乐的"闷"字。后来汉字简化，为了书写方便，便将外面的"門"简化为"门"。

汉字故事

苦闷的屈原
kǔ mèn de qū yuán

战国时代，楚国的大诗人屈原正当青年，是楚国的大官。他见百姓受到战争灾难，十分痛心，积极与苏秦一起促成楚、齐、燕、赵、韩、魏六国结成联盟，并使怀王成了联盟的领袖，因此得到了怀王的重用。

但是，楚国以公子子兰为首的一班贵族，却对屈原非常嫉妒和忌恨，常在怀王面前说屈原的坏话。就这样，屈原怀着郁闷的心情，被流放到汉北地区。后来，秦昭王"邀请"怀王在武关相会。屈原此时已从汉北的流放地返回，和昭睢等一起，力劝怀王不要赴会，以防有诈。可怀王不听，最后竟死在秦国。

后来，子兰再次进谗言，屈原又被流放到南方的荒僻地区。他从郢(yíng)都出发，先往东南顺江而下，经由洞庭湖进入长江，然后又离开了夏浦，最后到了陵阳。

屈原一路上闷闷不乐，满腹愤懑，心中悲痛。后来，秦国攻打楚国，楚国国亡，屈原在极度苦闷、完全绝望的心情下，于农历五月五日投汨罗江自尽。

知识密码

闷闷不乐——

心情忧郁不快乐。《三国演义》第十八回："意欲弃布他往，却又不忍，又恐被人嗤笑。乃终日闷闷不乐。"

36. 虑

字里乾坤

趣话汉字

小篆　楷体

虑，形声字。篆文的上部是一只老虎的样子，下面是一颗心，两者合在一起就表示对猛兽侵袭的担忧，这就是"虑"。随着演变，字形变得更加美观和规范化，也就成了我们现在看到的字。

汉字故事

智者千虑，必有一失

楚汉相争时，韩信带领一部分人马向东进攻赵国。赵王听说后，与陈余把军队聚在井陉山口准备迎敌。赵王的参谋李左车献计抄小路截断汉军的辎重，这本是很好的计策，但是赵王和陈余没有采纳。

韩信探听到这个消息，心中大喜，同时暗暗佩服李左车的才华。于是他悬赏千金，要求活捉李左车。不久，韩信大败赵军。赵王被俘，陈余阵亡，李左车被汉军生擒。他被押至韩信帐内，韩信连忙为他松绑，十分客气地向他请教："我打算向北攻打燕国，向东讨伐齐国，用什么办法才能成功呢？"李左车起先不愿意多谈，后来才直言道："现在兵士已相当疲乏，如果急于攻燕，万一不能很快取胜，时间拖久了，齐国必定做好了充分准备，那时你的弱点就不免要暴露出来。善于用兵的将军，总是发挥自己的优势而利用对方的弱点。你不如先在这里休整军队，一面大造攻燕的声势，一面派一个极有口才的人，带着你的信去见燕王，故意显示汉军的强大，逼燕王投降。这样，齐王也就容易对付了。"

韩信一听，连声称妙，李左车谦虚地说："我听人说过：智者千虑，必有一失；愚者千虑，必有一得。我的建议未必全部可取，供您参考吧。"韩信按李左车的建议行事，果然获得成功。

知识密码

五虑——

五虑是指耳、目、口、鼻、心五种器官的感觉。

37 翁

字里乾坤

趣话汉字

翁，形声字。"翁"的本义是鸟的颈毛，篆文字形的上面是一个"公"字，用来表声，下面是一对鸟的羽毛。后来，由鸟的颈毛这个意思，又引申为白发白须的中老年男子形象，"老翁"就是对他们的称呼。

汉字故事

鹬蚌相争，渔翁得利

赵王将要去攻打燕国，苏代为燕国去劝赵惠王。他对赵惠王说："我这次来的时候，经过易水，看见一只河蚌正张着壳晒太阳。有一只鹬鸟，伸嘴去啄河蚌的肉。河蚌连忙把壳合上，紧紧地钳住了鹬鸟的嘴。鹬鸟就说：'今天不下雨，明天不下雨，你就会死。'河蚌也对鹬说：'今天不放开你，明天不放开你，你就会死！'它们两个谁也不肯让步。这时，有一个渔夫看到了，就把它俩一齐给捉去了。"

苏代讲到这里，见赵惠王眉头紧锁，继续说："现在赵国要去攻打燕国，燕赵两国相持不下，日子久了，双方的力量都消耗得很厉害。我担心强大的秦国会成为鹬蚌相争中的渔夫。所以，我希望大王能仔细地考虑考虑。"

惠王听了，恍然大悟，说："有道理！"便停止了攻打燕国的行动。

知识密码

醉翁亭——

醉翁亭为四大名亭之首，始建于北宋庆历六年（1046年），在今安徽省滁州市，由唐宋八大家之一欧阳修命名，因撰《醉翁亭记》一文而闻名遐迩。

38. 磊

字里乾坤

lěi

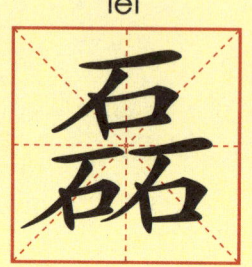

趣话汉字

小篆　楷体

　　磊，会意字。篆文和楷书都是由三个石块累积而成，表示石头成堆。因为石头堆在一起十分沉重，不易搬动，所以"磊"又引申为沉重的、实在的、踏实的意思。说一个人光明磊落，就是说他正直坦白，毫无隐私、暧昧和不可告人之处。

汉字故事

光明磊落海青天
guāng míng lěi luò hǎi qīng tiān

海瑞是明朝有名的清官,他为人正直,尤其厌恶贪官,光明磊落,被人们称为"海青天"。

有一次,延平府的督学官到南平县视察工作,海瑞和另外两名教官前去迎见。在当时的官场上,下级迎接上级,一般都是要跪拜的。因此,随行的两位教官都跪地相迎,可海瑞却站着,只行抱拳之礼,这位督学官大为震怒,训斥海瑞不懂礼节。海瑞不卑不亢地说:"按大明律法,我堂堂学官,为人师表,对您不能行跪拜大礼。"这位督学官虽然怒发冲冠,却拿海瑞没办法。海瑞由此落下一个"笔架博士"的雅号。

过了几年,海瑞因为考核成绩优秀,被授予浙江严州府淳安县知县。淳安县经济比较落后,又位于南北交通要道,接待应酬多如牛毛,百姓不堪其扰。海瑞上任后,严格按标准接待,对那些官员毫不客气。在当时,严嵩掌权,别说是严家父子,就是他们手下的同党,也没有一个不是依官仗势、作威作福的,上自朝廷大臣,下至地方官吏,谁都让他们几分,但海瑞却一身正气,绝不低头。

知识密码

磈 (kuǐ) 磊——

磈磊是指众石累积的样貌,也比喻胸中的不平之气。

39. 累

字里乾坤

lěi

趣话汉字

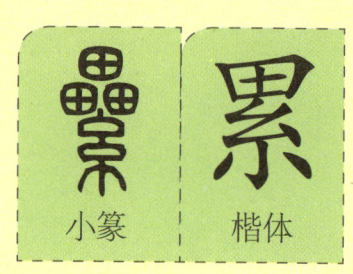

小篆　楷体

累，会意字。篆文的上面是三个"田"字，下面是一串丝线，表示用结绳来计算上面的物体。所以，"累"就是用绳索结绳记事的意思。由统计这个意思，"累"又引申为大量的、众多的意思，如"硕果累累"，还引申为牵连、影响的意思，如"连累"。

汉字故事

危如累卵
wēi rú lěi luǎn

春秋时代，晋灵公贪图享乐，派大臣屠岸贾(gǔ)给他造一座九层的高台，他怕有人劝阻，就下令说："谁敢进谏，一律杀头！"

大臣荀息知道后，便来求见晋灵公。晋灵公为了防止荀息劝阻，命武士弯弓搭箭，只要荀息一开口劝谏，便立刻把他射死。

荀息见到晋灵公后，故作轻松地对晋灵公说："我今天来拜见大王，并不敢向你规劝什么，只是来给你表演一个特技。我能够把十二颗棋子垒起来，再把九个鸡蛋垒上去而不会倒塌。"

晋灵公听了，便叫荀息表演。荀息先把十二颗棋子垒起来，再把鸡蛋一个个加上去。晋灵公见了，在一旁大叫"危险"，荀息慢条斯理地说："这有什么危险的，还有比这更危险的呢。"晋灵公问他更危险的是什么，荀息说："大王，您造九层高台，弄得国内已没男人耕地，国库空虚，一旦外敌入侵，国家危在旦夕，难道不更危险吗？"

晋灵公听了，这才醒悟过来，立刻下令停止了九层高台的工程。

"危如累卵"就是出自这个故事，比喻形势非常危险，如同堆起来的蛋，随时都有塌下打碎的可能。

知识密码

长年累月——

形容经历许多年月，也泛指很长时间。

40. 吞

字里乾坤

趣话汉字

吞,形声字。"吞"就是敞开喉咙、不嚼而咽。篆文的上面像是一个"大"字,表示张开的意思,下面是一个"口",合起来就是张开嘴巴咽下去的意思,这就是囫囵吞枣的"吞"字。

汉字故事

囫囵吞枣
hú lún tūn zǎo

　　从前有个人，他看书的时候总会把书中文字大声念出来，可是却从来不动脑筋想一想书中的道理。他还自以为看了很多书，懂得许多道理。

　　有一天，他参加朋友的聚会，大家边吃边聊，其中一位客人感慨万分地说："这世上很少有两全其美的事，就拿吃水果来说：梨对牙齿很好，但是吃多了伤胃；枣子能健胃，可惜吃多了会伤牙齿。"大家都觉得很有道理。

　　这个人为了表现自己的聪明，就接下去说："这很简单嘛！吃梨子时不要咽进果肉，就不会伤胃；吃枣子时整个吞下去，就不会伤牙啦！"桌上正好有一盘枣子，他说完便拿起一个大枣放在嘴里，囫囵吞了下去。大家怕他噎到，连忙劝他说："千万别吞，卡在喉咙多危险呀！"有个喜欢开玩笑的人说："吃梨只嚼不咽还可以，吃枣却难了，囫囵吞枣，怎么受得了呢？"

　　大家听了，都笑得前仰后合。

知识密码

温吞水——

　　温吞水是江浙沪地区流行的方言，原指烧至半开未开的热水，不冷不热，引申指人的性格不温不火、不急不躁的状态，又引申为一切黏滞不前、裹足回望和柔弱可欺的事态及形态，稍带贬义。

41 兴

字里乾坤

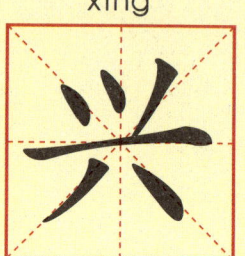

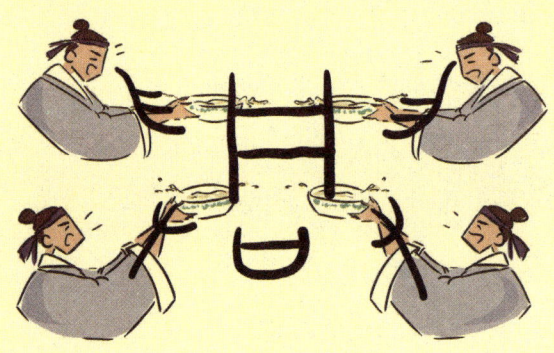

趣话汉字

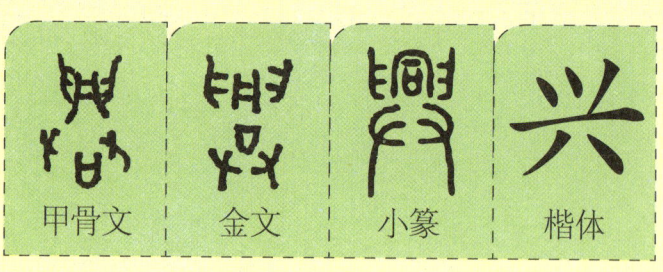

| 甲骨文 | 金文 | 小篆 | 楷体 |

兴，会意字。甲骨文十分形象，四角是四只手，中间抬着一个"井"字形的器物，下面是一个"口"，表示用口呐喊，看上去真是一派同心协力的景象。所以，"兴"就是一起抬起、举起的意思。金文和篆文都继承甲骨字形，字形比较复杂，后来汉字简化，就变成了只有六笔的字了。

汉字故事

望洋兴叹 (wàng yáng xīng tàn)

相传很久很久以前,黄河里有一位河神,人们叫他河伯。河伯站在黄河岸上,望着滚滚的浪涛,兴奋地说:"黄河真大呀,世上没有哪条河能和它相比。"

有人告诉他:"你的话不对,在黄河的东面有个地方叫北海,那才真叫大呢。"河伯固执地说:"我没见过北海,我不信。"

秋天到了,连日的暴雨使大大小小的河流都注入黄河,隔河望去,对岸的牛马都分不清了。这一下,河伯更得意了,自得之余,想起有人跟他提起的北海,于是决定去那里看看。

河伯顺流来到黄河的入海口,突然眼前一亮,海神若正笑容满面地欢迎他的到来,河伯放眼望去,只见北海汪洋一片,无边无涯,一眼望不到边。他呆呆地看了一会儿,深有感触地对若说:"俗话说,只懂得一些道理就以为谁都比不上自己,这话说的就是我呀。今天要不是我亲眼见到这浩瀚无边的北海,我还以为黄河是天下第一大呢!"

人们从故事中提炼出"望洋兴叹"这个成语,形容在伟大事物面前感叹自己的渺小,现在多比喻做事时因力不胜任或没有条件而感到无可奈何。

知识密码

绍兴酒——

绍兴酒原指出于绍兴之酒,主要有四个品种,即元红酒、加饭酒、善酿酒、香雪酒。元红酒因过去在坛壁外涂刷朱红色而得名。

42 冤

字里乾坤

yuān

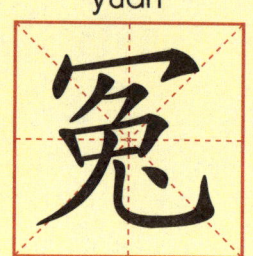

趣话汉字

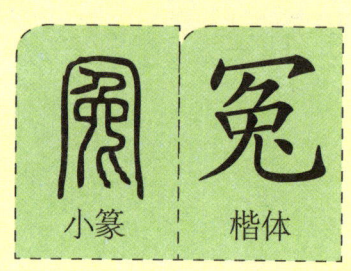

小篆　楷体

冤，会意字。篆文的外部像是一个网罩，里面有一只兔子。兔子在网罩里挣扎着想出去，但是又逃不出去，更加觉得委屈挫败，这就是"冤"的原意。

汉字故事

窦娥冤 (dòu é yuān)

书生窦天章因无力偿还蔡婆的高利贷，把七岁的女儿窦娥送给蔡婆当童养媳来抵债。窦娥长大后，与蔡婆的儿子成婚。婚后不久丈夫就病故了，婆媳两人从此相依为命，生活十分贫苦。

一天，蔡婆去找赛芦医索债，赛芦医想要谋财害命，蔡婆被恶棍张驴儿所救。张驴儿仗着自己救了蔡婆，就想逼婚。蔡家婆媳不肯，张驴儿便想毒死蔡婆，好霸占美貌的窦娥。不料，他准备的毒药误被其父饮下。蔡婆为了免除灾祸，给了张驴儿十两纹银，让他买棺葬父。

张驴儿却以这十两纹银为证据，讹诈蔡婆害死了自己的父亲。他买通当地县令，对蔡婆横施酷刑。窦娥怕婆婆年老体弱，经不起折磨，只得含冤忍痛承认下毒的是自己，被判处死刑。窦娥死时发出誓言，要血溅三尺白绫、三年大旱、六月天下雪，后来都一一应验。

六年后，窦娥的父亲窦天章金榜题名，考取了状元，路过山阳。当日深夜，他正在审阅案卷，忽然见到女儿窦娥前来，求他代女儿申冤昭雪。第二天，窦天章开堂审案，终于使冤案大白。结果，张驴儿和县令被判处死刑，赛芦医被发配充军，窦娥的冤案终于得以昭雪。

知识密码

冤大头——

冤大头指枉费钱财的人（含讥讽意）。据说山西军阀阎锡山重铸的银圆，原来含100%银子的银圆铸造成了只含5%银子的银圆，因为上面有袁世凯的头像，故被称作袁大头，谐音冤大头。

43 · 怡

字里乾坤

趣话汉字

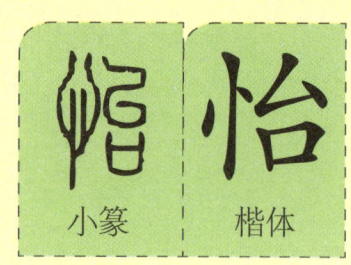

小篆　楷体

怡，形声字。篆文的左边是一个"心"，右边是一个"台"，表示怀有身孕的妇女。一个妇女怀胎之后，自然心情愉悦，所以"怡"就是心情愉悦的意思，譬如怡然自得。

汉字故事

怡然自得 (yí rán zì dé)

清代文学家沈复写了一本《浮生六记》，在里面他这样描绘自己的童年：

我回想自己在年幼的时候，能睁大眼睛直视太阳，视力好极了。每遇见细小的东西，一定要仔细观察它的纹理，所以常常能感受到超脱事物本身的乐趣。

夏夜里，蚊群发出雷鸣似的叫声，我心里把它们比作群鹤在空中飞舞，这么一想，眼前果真就出现了千百只白鹤；抬头看着它们，连脖子也变得僵硬了。我又留几只蚊子在白色帐子里，慢慢地用烟喷它们，使它们冲着烟边飞边叫，构成一幅青云白鹤图，果真像鹤群在青云边上发出叫声一样，这使我感到高兴极了。

我还常在土墙高低不平的地方，在花台上杂草丛生的地方，蹲下身子，把丛草当成树林，把虫子、蚊子当成野兽，把土块凸出部分当成丘陵，低陷部分当成山沟。我便凭着假想在这个境界中游览，怡然自得。

知识密码

心旷神怡——

旷指开阔、开朗；怡指快乐、愉快。"心旷神怡"是形容心境开阔、精神愉快的感觉，表示心情很好。

44. 恭

字里乾坤

趣话汉字

小篆　　楷体

　　恭，形声字。"恭"就是谦逊有礼，恭敬待人。篆文的上部是一个物品，下面是两只手，正捧着它，最下面是一个"心"字，合在一起就表示手里捧着一件物品，心里谨慎而小心地呈上去，这就叫作"恭"。

汉字故事

前倨后恭 (qián jù hòu gōng)

苏秦曾向东到齐国拜师求学,在鬼谷子先生门下学习。

外出游历多年的他穷困潦倒,狼狈地回到家里。兄嫂、弟妹、妻子都私下讥笑他,看不起他。后来,苏秦通过努力,做了合纵联盟的盟长,并且担任了六国的国相。苏秦北上向赵王复命,途中经过洛阳,随行的车辆、马匹满载着行装,各诸侯派来送行的使者很多,气派比得上帝王。

这时,苏秦的兄弟、妻子、嫂子都俯伏在地上,斜着眼不敢抬头看他,非常恭敬地服侍他用饭。苏秦笑着对嫂子说:"你以前为什么对我那么傲慢,现在却对我这么恭顺呢?"他的嫂子赶紧俯伏在地上,弯曲着身子,匍匐到他面前,脸贴着地面请罪说:"因为我看到小叔您地位显贵,钱财多啊。"苏秦感慨地叹息说:"同样是我这个人,富贵了,亲戚就敬畏我,贫贱时,就轻视我。何况一般人呢!假使我当初在洛阳近郊有二顷良田,如今我难道还佩带得上六个国家的相印吗?"当时他就散发了千金,赏赐给亲戚朋友。

后来,人们就用"前倨后恭"这个成语来形容对人的态度前后截然不同,有"势利眼"的意味。

知识密码

出恭——

出恭是指排泄大小便。从元代起,科举考场中设有"出恭""入敬"牌,以防士子擅离座位。士子入厕须先领此牌,因此俗称入厕为出恭,并谓大便为出大恭,小便为出小恭。

45 忧

字里乾坤

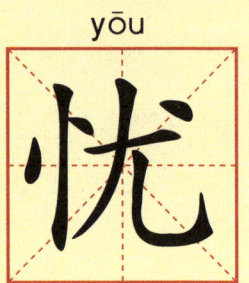

yōu

趣话汉字

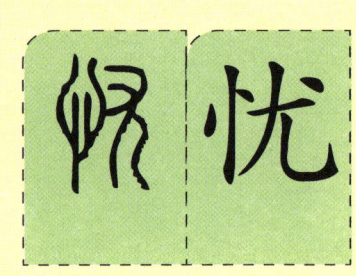

忧，象形字。"忧"的本义就是心里发愁。篆文字体的左边是一颗心，右边是一个"尤"字，表示特异、不正常、很多的意思。"忧"是从心里发出的感受，心理状态不正常、思虑过度就是"忧"。

汉字故事

杞人忧天 (qǐ rén yōu tiān)

杞国有个人担心天会塌，地会陷，自己无处存身，便整天睡不好觉，吃不下饭。

有个人就去开导他，说："天不过是积聚的气体罢了，没有哪个地方没有空气的。你一举一动，一呼一吸，整天都在天空里活动，怎么还担心天会塌下来呢？"

杞国人说："天如果是气体，那日月星辰不就会掉下来吗？"

开导他的人说："日月星辰也是空气中发光的东西，即使掉下来，也不会伤害什么。"

杞国人又说："如果地陷下去怎么办？"

开导他的人说："地不过是堆积的土块罢了，填满了四处，没有什么地方是没有土块的。你行走跳跃，整天都在地上活动，怎么还担心地会陷下去呢？"

经过这个人一解释，那个杞国人终于放下心来。

后来，人们便用"杞人忧天"来比喻不必要或缺乏根据的忧虑和担心。

知识密码

丁忧——

中国古代的礼仪制度之一。官员的父母亲如果去世，无论此人任何官何职，从得知丧事的那一天起，就必须回到祖籍守孝二十七个月。

46 愚

字里乾坤

yú

趣话汉字

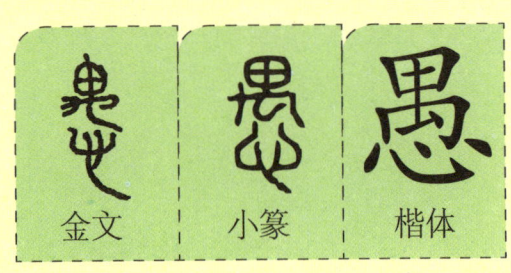

金文　小篆　楷体

　　愚，形声字。金文的上面看上去像一个手持面具、装神弄鬼的人，下面是一个"心"字。装神弄鬼就是为了迷惑人的心智，所以"愚"就是愚弄不知情者的意思，后来又引申为无知、蠢笨。

汉字故事

秦智虞愚 (qín zhì yú yú)

百里奚，字子明，春秋时期楚国宛邑人（今河南省南阳），他是著名的政治家、思想家和军事家。

百里奚饱读诗书，才学过人，可是家中贫困，加上楚国宗法制度森严，平民没有希望入仕为官。后来，他在齐国遇见了蹇(jiǎn)叔，在蹇叔的举荐下，他到虞国当了个大夫。虞国国君是个爱财如命的人，在收了晋国的财物以后，就答应借道路给晋国，让他们去灭虢(guó)国。百里奚劝说无效，闭口不再言。晋国灭虢国后，回头又灭掉虞国，俘虏了虞国国君及百里奚。由于百里奚拒绝在晋国做官，被晋国充作奴隶，后来逃回到楚国。

刚当上秦国国君的秦穆公，听说百里奚是个人才，就用五张黑公羊皮换来百里奚。秦穆公与他商谈国家大事，两人一谈就是三天。

百里奚入秦，为秦国带去了周朝先进的文化、政治和耕作技术，使秦国由一个偏僻的小国发展成一个强国，成为名副其实的春秋五霸之一，为以后统一中国奠定了基础。

秦智虞愚是说百里奚在虞国无所作为，到了秦国，却辅佐穆公建立了霸业，形容一个人的才能只有在适当的环境中才能发挥。

知识密码

上智下愚——

"上智下愚"指最聪明的人和最愚笨的人。孔子认为人的性情大都是可以改变的，只有上等的聪明人与下等的愚笨的人才是不可改变的。

47. 恕

字里乾坤

趣话汉字

恕，形声字。篆文的上部左边是一个跪着的女人，右边是口，表示顺从、听从的意思，下面是一个"心"，强调女性柔顺大度，能够用心宽谅他人所犯的严重错误或对自己的冒犯，这就是"恕"。

汉字故事

孔子的忠恕之道

有一天,孔子对众人讲学,快结束的时候,他对曾子说:"参啊!我的学说贯穿着一个基本思想。"曾子听完心领神会,先鞠了一躬,然后说了句:"是。"

等孔子出去以后,学生们都感到十分好奇,于是就问曾子:"老师刚才的话是什么意思呢?我们怎么听不懂。"曾子说:"老师的学说,只有忠恕两个字罢了。"

所谓忠恕,是孔子待人的基本原则,是一个问题的两个方面,所以孔子说是"一个基本思想"。

忠是从积极的方面说,也就是孔子在《论语·雍也》篇里所说的:"己欲立而立人,己欲达而达人。"自己想有所作为,也尽心尽力地让别人有所作为,自己想飞黄腾达,也尽心尽力地让别人飞黄腾达。这其实也就是人们通常所理解的待人忠心的意思。恕是从消极的方面说,也就是孔子所说的:"其恕乎!己所不欲,勿施于人。"自己不愿意的事,不要强加给别人。

忠恕之道就是人们常说的将心比心,推己及人。这段孔门师徒的回答把孔子的仁学思想归纳为"忠恕"之道,其意义深远。

知识密码

恕己及人——

指对别人就像对自己一样宽恕,包含两个要点:一是宽宥自己;二是扩充自己的仁爱之心。

48 哑

字里乾坤

yǎ

趣话汉字

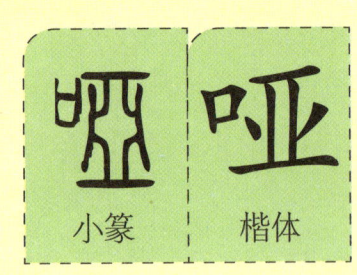

小篆　楷体

哑，形声字。篆文左边是一个"口"，右边是一个"亚"，"亚"的本义为宫城，引申为禁卫圈或内部闭锁圈。所以，两者合起来就表示口腔内部被封锁，喉头被卡住，只能咿咿呀呀，发出喀喀声，类似笑声。这就是哑然失笑的"哑"字。

汉字故事

豫让吞炭为哑

春秋末期，有个名叫豫让的人，投到智伯门下，智伯对他十分赏识。智伯被赵襄子杀死后，他发誓要为智伯报仇。他到赵襄子宫中的厕所里干杂活，身边暗藏匕首。不料赵襄子为人十分警觉，上厕所时，忽然心动，叫人把正在涂墙的豫让抓了起来，并搜出了暗器。豫让直截了当地对赵襄子说，他要为智伯报仇。左右想把豫让杀了，赵襄子却说："他是有义气的人，我谨慎地避开他就是了。"命手下放豫让走了。

过了一段时间，豫让把漆涂抹在脸上、身上，看上去像是患有严重皮肤病；又去吞炭，使声音变得嘶哑。他沿街乞讨，他的妻子迎面走过，也没认出他来。

豫让躲在赵襄子必定要经过的一座桥下。赵襄子来到桥头，他的马忽然受惊。赵襄子说："这一定是豫让！"左右立即把躲在桥下的豫让揪了出来。赵襄子见豫让这副模样，不禁叹息流泪道："您为智伯已经成就了美名，而寡人饶恕过您一次，也已足够了。您自己看着办吧，寡人不再放您走了。"赵襄子手下立即将豫让围了起来。

豫让要求赵襄子脱下衣服，让他用剑击斩衣服，以表示已经为智伯报仇，赵襄子答应了。豫让达到目的后拔剑自杀。

知识密码

哑剧——

哑剧是以动作和表情表达剧情的戏剧。形体动作是哑剧的基本手段，它要有准确性和节奏性，还应具有内心的表现力和诗的意蕴。

49 骇

字里乾坤

趣话汉字

骇，形声字。篆文的左边是一匹马，右边其实是一个"亥"字，表示喉咙受刺激发出声音，是用来表声的。汉字简化后，左边的"馬"简化成"马"，字形定型。

汉字故事

骇人听闻 (hài rén tīng wén)

王劭(shào)是隋文帝杨坚朝中的著作郎。历代的皇帝都有一个通病,就是希望自己能长命百岁,杨坚当了皇帝以后也是这样。王劭发现了杨坚的这种心理后,就投其所好。

有一回,王劭弄来一只大乌龟。翻过来一看,乌龟肚子的纹理上有字,写的是"杨氏千载"。杨坚姓杨,就是说杨家要当一千年的皇帝。于是,王劭就把这事汇报给杨坚了。杨坚一听,当然非常高兴。

过了一段时间,杨坚的皇后去世了。第二天早朝的时候,杨坚当众宣布了这个消息。皇帝刚说完,王劭便说:"昨天晚上,我听见有鼓乐之声,还看见天上有很多花飘落下来。据臣所知,皇后乃是妙善菩萨转世。皇后去世,其实是回天上了,是好事。"因为杨坚信佛,这番话又让杨坚很高兴。

因为这些事,王劭受到杨坚的重视。王劭这些糊弄人的事情,有没有人看穿他呢?当时,有很多有识之士都耻笑他,鄙视他。大家都说,他整天不做什么正经事,净弄一些"骇人视听"的东西。

"骇人视听"后来演化为"骇人听闻"这条成语,指社会上发生的坏事严重到听了以后让人非常震惊的地步。

知识密码

纷红骇绿——

纷:纷披;红:指红花;骇:散乱;绿:指绿叶。纷红骇绿指纷披散乱的红花绿叶,形容花草树木随风摆动。

50 萌

字里乾坤

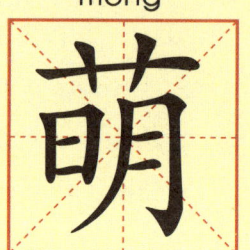

趣话汉字

　　萌，形声字。篆文的上部是两棵草形，下面是一个"明"字，表示嫩芽刚刚长出来，可以被看清楚。所以，"萌"就是指刚刚发芽的草木。由刚刚萌生的草木，"萌"又可引申为事情刚刚显露的发展趋势或情况。现在，"萌"也可用来形容一个人看起来十分可爱，譬如"卖萌"。

汉字故事

见微知萌
jiàn wēi zhī méng

商朝时,箕(jī)子有一天到帝辛(即商纣王)那里去汇报工作,偶然看到帝辛的生活出现了一点小小的变化,这个细节从表面上看完全没有什么大不了。可是,箕子的见识非同一般,他真可谓诚惶诚恐,大惊失色。那么,是一个怎样的细节令箕子如此呢?

原来箕子看到的,就是帝辛用了一双象牙筷子。大家都知道,象牙筷子是很珍贵的,但是帝辛作为天下之主,用这样一双筷子不是很正常吗?箕子却认为,有了象牙筷子,必定就要用犀骨做成的杯子,必定要吃稀有的食物,必定要穿华衣美服、要住高台广室了。

果不其然,如箕子所料,朝歌后来逐渐出现了"酒池肉林""炮烙之刑"。帝辛越来越残暴昏庸,最后被周武王所灭。

后来,人们便用"见微知萌"这个成语来表示只看到事物微小的迹象,就可以知道它发展的程度。

知识密码

《萌芽》——

《萌芽》杂志是中国第一本青年原创文学刊物。1999年,《萌芽》联合13所著名高校合办中国权威作文大赛——新概念作文大赛。大赛发掘出了韩寒、郭敬明、张悦然等80后文化偶像。

51 观

字里乾坤

guān

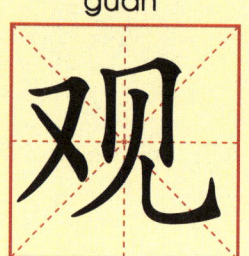

趣话汉字

小篆　楷体

　　观，形声字。篆文的左边是一只大鸟，它有着夸张醒目的眉毛，还有一对大眼睛，正聚精会神地看着前方；右边是一个"见"字，像一个人睁着眼睛看的样子。两者合在一起，就表示要像大眼睛的鸟类一样仔细观察，这就是"观"。后来，为了书写方便，左边的鸟形完全消失，变成了"又"，右边也简化成"见"，字形定型。

汉字故事

zuò bì shàng guān
作壁上观

秦朝末年,项羽与叔父项梁起兵反秦,推举楚怀王之孙为楚王,军威大震。已被秦朝灭亡的赵、魏、燕、韩诸国,也伺机复国,与楚王结盟反秦。项梁率军接连取胜,秦二世胡亥急遣大将章邯统领大军镇压。定陶一战,楚军大败,项梁战死。

章邯于是挥师攻赵,围困赵王于巨鹿。赵王向楚王求救,楚王以宋义为主将,项羽为副将,率师援赵。宋义力图避开秦军锋芒,保存实力。楚军开抵安阳,竟一驻四十六天,这就急煞了项羽。他几番催促宋义渡河作战,都被拒绝。项羽一怒之下,杀了宋义,并报告楚王。

楚王没有办法,便命项羽为主将。项羽亲率全军渡过漳水,旋即"破釜沉舟",每人只发三天干粮,誓与秦军决一死战。此时,集结在前线的援赵部队已有十几支。各路援军见秦军势大,都固守营寨,不敢轻易出战。楚军一到,立即发动猛攻。楚军将士似出山猛虎,以一当十,直杀得秦军落花流水,溃不成军。各路援军站在自己的营垒上,都看到了这一壮观场面。

"作壁上观"原指双方交战,自己站在壁垒上旁观,后来用来比喻置身事外,在旁不协助任何一方。

知识密码

秦观——

秦观(1049~1100),字太虚,又字少游,北宋高邮人,是"苏门四学士"之一,被尊为婉约派一代词宗。他官至太学博士,国史馆编修。

52. 急

字里乾坤

jí

急

趣话汉字

小篆　楷体

急，会意字。篆文的最上面是一个人形，下面是一只手，表示追赶和抓捕某人；字体最下面是一个"心"，被人追赶的时候，心中一定是焦虑而紧张的。所以，"急"就是内心感到追逼，感到紧张焦虑的意思。随着演变，最上面的人形消失，逐渐成为今天看到的字形。

汉字故事

急功近利
jí gōng jìn lì

董仲舒是西汉时期著名的哲学家和经学大师,却因才遭妒,备受其他官员的排挤,差点被处死。汉武帝念及旧情,将其派往胶西,让他做了胶西王国相。

胶西王是汉武帝的兄长,骄横暴戾。之前,朝廷派去的国相统统被他以各种罪名斩杀。但是,听到董仲舒的声名,胶西王没有杀他,反而十分敬重他。有一次,胶西王对董仲舒说:"勾践的贤明,加上范蠡、文种的才能,我认为这是越国的'三仁',你怎么看待这三仁呢?"

董仲舒回答说:"我听说,过去鲁国国君问柳下惠:'我想攻打齐国,你看怎么样?'柳下惠回答说:'不行。'他退下来后满脸忧愁地说:'我听说,阴谋侵略邻国的,不会向仁爱者讨教,这次国君为什么问我呢?'可见,柳下惠连被问都觉得羞耻,更别说参与讨伐齐国了!由此看来,越国本来就没有一个'仁',哪来的'三仁'?所谓仁人,是'正其道不谋其利,修其理不急其功',也就是凡事以匡扶正义为目的,而不是谋求利益,致力于以德教化民众而使社会风气大变,才是仁的最高境界,尧、舜、禹就是榜样!"

后来,人们便用"急功近利"来形容急于求成,贪图眼前的成效和利益的意思。

知识密码

急就章——

急就章指为了应付需要,匆忙完成的作品或事情。原为书名,也叫《急就篇》,西汉史游作。

53 爱

字里乾坤

ài

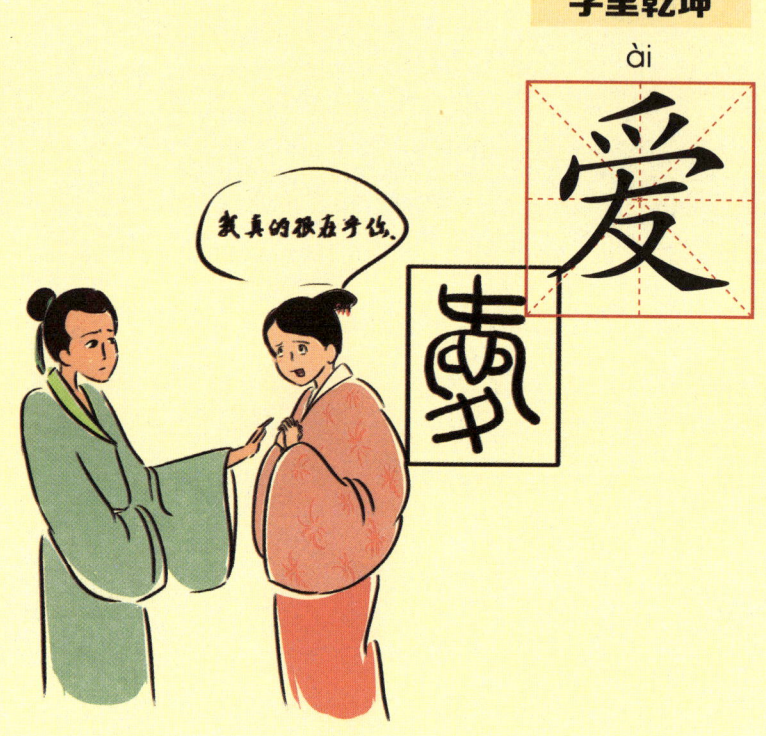

趣话汉字

小篆　楷体

　　爱，形声字。篆文的最上面像是一个人正张着嘴巴，似乎在诉说什么，中间包裹着一颗心，下面是一只手。整体看上去，就像一个喃喃倾诉的人伸出手捧着自己的心，表示将对方放在心上。随着简化，中间的"心"被去掉，逐渐变成现在的"爱"字。

汉字故事

爱莫能助 (ài mò néng zhù)

周宣王时期，齐国发生了一起严重的民间暴动，暴动者不仅杀死了齐厉公，还把整个都城都烧掉了。周宣王派出仲山甫，率领部队前往齐国把战乱平息掉，将暴动分子绳之以法，并且帮齐人重建家园，安抚民心。

仲山甫身负重任，尽管他对人们的暴动行为抱有同情，但他认为杀害君主并把城市烧毁是一种大逆不道的行为。于是，他决定速战速决，尽快将暴动分子绳之以法。

事情终于办完了，齐国也基本恢复了安宁。就在他准备离开京都的时候，亲朋好友都来为他饯行，还有人写了诗歌称颂他，其中就有一句话这样说道："我仪图之，维仲山甫举之，爱莫助之。"意思是，只有仲山甫有这个德行做成这件事，其他人虽然同情，却也无从帮助。

后来，人们便从这句话里总结出"爱莫能助"这个成语，表示心里愿意帮助，但限于力量或条件却没有办法做到。

知识密码

张爱玲——

张爱玲原名张瑛(yīng)，中国现代作家，原籍河北省唐山市。代表作品有《金锁记》《倾城之恋》《半生缘》《红玫瑰与白玫瑰》《小团圆》等。

54 怀

字里乾坤

huái

趣话汉字

金文　小篆　楷体

怀，会意字。金文外面是一件衣服，里面是一个人，像是将某人抱在胸前的样子。篆文在金文的基础上，在字形的左边加了一个"心"，强调这个人是在心里强烈挂念着某个人。汉字简化后，右边部分被简化成了"不"，人在胸前的样子完全消失了。

汉字故事

坐怀不乱 zuò huái bù luàn

柳下惠是春秋时期鲁国人,是鲁孝公的儿子公子展的后裔。他担任过鲁国大夫,后来隐遁,成为"逸民"。柳下惠被认为是遵守中国传统道德的典范,他"坐怀不乱"的故事在民间广为传颂。

相传,在一个寒冷的夜晚,柳下惠夜宿于城门,遇到了一个无家女子。她衣衫单薄,看起来快要冻坏了。柳下惠害怕她会冻死,就让她坐在自己怀中,解开自己的外衣把她裹紧。两个人就这样同坐了一夜,并没有发生什么不轨的举动。

后来,这件事被人们知道了,大家都称赞柳下惠是一个真正的正人君子,可以"坐怀不乱"。其实,历史上坐怀不乱的男人或女人有很多,古人之所以以柳下惠为榜样,主要还是因为柳下惠为人刚正不阿,虽总是得罪权贵,多次遭到贬谪,但仍然不离开父母之邦。

孔子和孟子都对他推崇备至,《孟子》一书曾把柳下惠和伯夷、伊尹、孔子并称为四位大圣人。

知识密码

盛宣怀——

盛宣怀,出生于江苏武进,是清末官员、官办商人、洋务派代表人物,还是著名的政治家、企业家和慈善家,创造了11项"中国第一",被誉为"中国实业之父"和"中国商父"。

55. 患

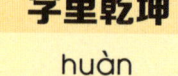

趣话汉字

患,形声字。篆文的上部像是穿在绳上的一组东西,下面是一颗心。将穿在绳上的一组东西放在心上面悬挂起来,就是担心,都悬在心上了,这就是忧患的"患"。后来,"患"又引申为祸害的意思,比如祸患。

汉字故事

养虎遗患
yǎng hǔ yí huàn

远古的时候，地广人稀，人们除了种地之外，靠山近水的大都以渔猎为生。每当北风吹来，大雪飘飘之际，人们便进山打猎。传说有一次进山，他们收获不小，竟捕获了一雄一雌两只猛虎。一个猎人循着猛虎的踪迹，在深山的洞穴里找到了一只小虎崽。这只小虎崽才刚刚睁开双眼，连奶都没有断，它睁着双眼看着猎人，一点也不害怕。猎人看到小虎崽毛茸茸、胖乎乎的，憨态可掬，分外喜爱，一时高兴，便将小虎崽抱回了家中。

小虎崽在猎人家人的饲养下，慢慢长大，变成了一只大老虎。但它并不伤人，吃饱了便在村里村外闲逛，逛累了就找个树荫趴下睡一觉。这样，人虎处得十分融洽，虎见人不避，人见虎也不躲，都习以为常。

这一年，猎人沿河捕鱼，十几天后才回家。他回家一看，不禁大吃一惊：家中饲养的那只老虎嘴角上残留着血渍，而自己的妻子和孩子却都不见了。猎人心中一惊，感到一种不祥正向他逼近，还没等他回过神来，那只老虎猛地向他扑去，只几口便将他咬死了。

这个猎人养虎遗患，最后连自己也死了。

知识密码

无患子——

无患子别名木患子，原产于我国长江流域以南各地以及中南半岛各地、印度和日本。它的果皮含有皂素，可做肥皂，木材可做箱板和木梳等。

56 恨

字里乾坤

hèn

趣话汉字

小篆　楷体

　　恨，形声字。"恨"就是指怨怒，篆文的右边是一个人形，身子朝右，头却朝左，似乎正转过头瞪着某人，左边是一颗心，强调心里怨愤，因而瞪眼怒视，十分形象。

汉字故事

《长恨歌》
cháng hèn gē

《长恨歌》是唐代诗人白居易的一首长篇叙事诗，全诗形象地叙述了唐玄宗与杨贵妃的爱情悲剧故事。

杨玉环本为唐玄宗的儿子寿王李瑁的王妃，后被唐玄宗看上，受令出家，后被册封为贵妃，受尽万千宠爱，"遂令天下父母心，不重生男重生女"。

安禄山叛乱后，兵锋直指长安。唐玄宗带着杨贵妃与杨国忠逃往蜀中，途经马嵬驿时，以陈玄礼为首的随驾禁军军士，一致要求处死杨国忠跟杨贵妃，随即产生哗变，杨国忠被乱刀杀死。

唐玄宗本想赦免杨贵妃，无奈禁军士兵皆认为祸国红颜，不诛难慰军心、难振士气。唐玄宗接受高力士的劝言，为求自保，不得已之下，赐死了杨贵妃。最终，杨贵妃被赐白绫一条，缢死在佛堂的梨树下，时年三十八岁。这就是白居易《长恨歌》中的"六军不发无奈何，宛转蛾眉马前死"的典故。

后来，有人传说，玄宗在安史之乱平定后回宫，曾派人去寻找杨贵妃的遗体，但终未寻得。

知识密码

张恨水——

张恨水，原名心远，恨水是他的笔名。他是鸳鸯蝴蝶派的代表作家，被尊称为现代文学史上的"章回小说大家"和"通俗文学大师"第一人。代表作有《春明外史》《金粉世家》《啼笑因缘》《八十一梦》。

57 厌

字里乾坤

yàn

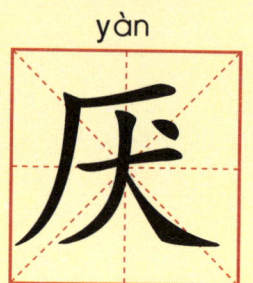

趣话汉字

小篆　楷体

厌，形声字。篆文的外面是一个"厂"字，表示像山崖石穴一样的地方，指的是肚子。"厂"的里面有一只犬、一块肉，还有一个"甘"字，表示吃饱了，很美味，已经很满足了。汉字简化后，为了书写方便，"厂"的里面被简化成一只"犬"了。

汉字故事

兵不厌诈 (bīng bù yàn zhà)

晋文公重耳做公子时,受后母迫害,逃到楚国,楚成王款待了他。楚成王问重耳以后如何报答,重耳说假如自己能回国执政,万一两国发生战争,就撤退九十里。后来,重耳回到晋国,果然与楚国发生了战争,已当上晋文公的他下令军队撤退九十里。

当时,楚国联合了陈、蔡等国,兵力强,晋国联合了齐、宋等国,兵力弱。两军相持,到底应该怎样作战呢?晋文公的舅舅子犯说:"我听说,对于注意礼仪的君子,应当多讲忠诚和信用,取得对方信任;在你死我活的战阵之间,不妨多用欺诈的手段迷惑对方,所谓兵不厌诈,你可以采取欺骗敌军的办法。"

晋文公听从了子犯的策略,首先击溃由陈、蔡军队组成的楚军右翼,然后借"退避三舍"的约定让军队主力假装撤退,引诱楚军的左翼在后面追赶,再以伏兵前来夹击。就这样,楚军左翼大败,中军也被迫撤退,全线崩溃。

这就是历史上著名的以弱胜强的城濮之战。晋国取胜后,与齐、鲁、宋、郑、蔡、莒、卫等国会盟,成为诸侯霸主。

知识密码

厌家鸡——

《晋中兴书》第七卷:"在荆州与都下书云:'小儿辈厌家鸡,爱野雉,皆学逸少书,须吾下当北之。'"憎恶家鸡,喜欢野鸡。原意是晋庾翼把自己的书法喻为家鸡,把王羲之的书法喻为野鸡。比喻贱近贵远。

58 泣

字里乾坤

qì

泣

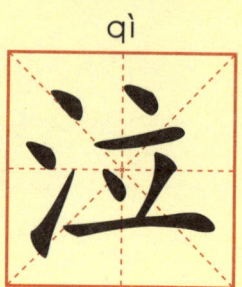

趣话汉字

小篆　楷体

　　泣，形声字。篆文的右边是一个站立着的人形，左边是"水"，代表泪水，合在一起就是站着流泪的意思。所以，"泣"就是指站着无声流泪，后来又引申为眼泪的意思，譬如"泣如雨下"，形容泪水不停，就像下雨一样。

汉字故事

伯俞泣杖
bó yú qì zhàng

汉代的韩伯俞是梁州人,他很孝顺,母亲一向很严格。母亲尽管对他非常疼爱,但是偶尔也会因他做错事而发火,用手杖打他。每当这时,他就会低头躬身地等着挨打,不加争辩也不哭。直等母亲打完了,气也渐渐消了,他才和颜悦色地低声向母亲谢罪,母亲也就转怒为喜了。

有一天,母亲又因故生气,举杖打他,但是由于年高体弱,打得一点也不重。伯俞忽然哭了起来,母亲感到十分奇怪,问他:"以前打你时,你总是不吭声,也未曾哭泣。现在怎么这样难受,难道是因为我打得太疼吗?"

伯俞忙说:"不是不是,以前挨打时,虽然感到很疼,但是因为知道您身体健康,我心中庆幸以后母亲疼爱我的日子还很长,可以常承欢膝下。今天母亲打我,一点儿也不觉得疼,足见母亲已筋力衰迈,所以心里悲哀,才情不自禁地哭泣。"

韩母听了,将手杖扔在地上,长叹一声,无话可说。

知识密码

杜鹃泣血——

相传蜀国的皇帝杜宇很爱百姓。他死后灵魂变为一只杜鹃鸟,每年春季都飞来唤"布谷布谷"提醒百姓种谷子,嘴巴啼得流血,滴滴鲜血洒在大地,染红了漫山的杜鹃花。现在,人们又称杜鹃为"布谷"。

59. 畏

字里乾坤

wèi

趣话汉字

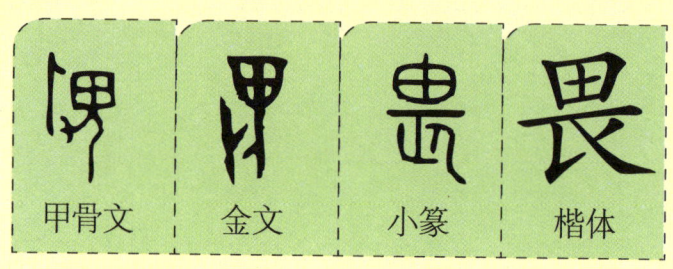

| 甲骨文 | 金文 | 小篆 | 楷体 |

畏，会意字。甲骨文的右边是一个鬼，左边是一根棍棒的形状，表示鬼拿着棍棒让人畏惧。所以，"畏"就是恐惧、害怕的意思。金文继承甲骨字形，篆文变化较大，鬼的形象已经失去，最后逐渐变成上下结构。

汉字故事

后生可畏 (hòu shēng kě wèi)

孔子出国游历的时候，在路上碰见三个小孩，有两个正在玩耍，另一个却站在旁边。孔子觉得奇怪，就问站着的小孩为什么不和大家一起玩。小孩很认真地回答："激烈的打闹能害人的性命，拉拉扯扯的玩耍也会伤人的身体；再退一步说，撕破了衣服也没有什么好处。所以我不愿和他们玩。这有什么可奇怪的呢？"

过了一会儿，小孩用泥土堆成一座城堡，自己坐在里面，好久不出来，也不给准备动身的孔子让路。孔子忍不住又问："你坐在里面，为什么不避让车子？""我只听说车子要绕城走，没有听说过城还要避车子的！"孩子说。

孔子非常惊讶，觉得这么小的孩子，竟如此会说话，实在是了不起，于是赞叹他说："你这么小的年纪，懂得的事理真不少呀！"小孩却回答说："我听人说，鱼生下来，三天就会游泳；兔生下来，三天就能在地里跑；马生下来，三天就可跟着母马行走，这些都是自然的事，有什么大小可言呢？"

孔子不由感叹地说："好啊，后生可畏，我现在才知道少年人实在了不起呀！"

知识密码

君子有三畏——

孔子曰："君子有三畏：畏天命，畏大人，畏圣人之言。"意思是，君子应该有三点敬畏：敬畏上天的意志（自然规律），敬畏德高的王公大人，敬畏圣人的言论。

60. 狂

字里乾坤

kuáng

趣话汉字

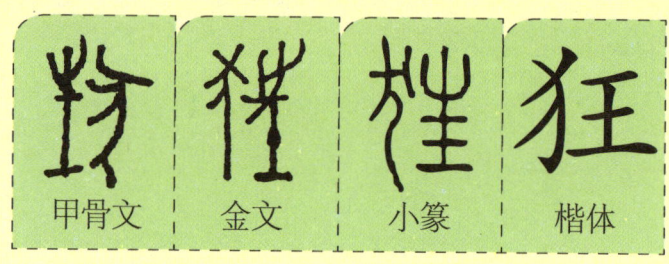

| 甲骨文 | 金文 | 小篆 | 楷体 |

狂，形声字。甲骨文右边是一只狗，左边是目的地，狗正向目的地狂奔而去。所以，"狂"就是指狗发疯，后来引申为无理智的、发疯的心理状态或行为。金文继承甲骨文字形，只是调换了左右位置，篆文继承金文字形，看起来更加美观，最后楷书又将右边写成"王"，字形开始定型。

汉字故事

蜀犬吠日 (shǔ quǎn fèi rì)

唐朝文学家柳宗元被贬永州的时候,给韦中立写过一封信,信上说:

孟子曾经说:"人之患在好为人师。"从魏晋以来,人们便不去拜老师。当今之世,更不曾听说有谁要做别人的老师,有这种想法,人们便总是七嘴八舌地嘲笑他,认为他是个狂人。只有韩愈不顾流俗,收招后辈学生,还写了《师说》这篇文章,并态度端正地做别人的老师。世俗之人果然群聚而以为怪事,纷纷咒骂,添油加醋地污蔑诽谤。韩愈因此而得到了"狂"的名声。

我过去听说庸和蜀地以南的地区,经常下雨,很少见到太阳,太阳一出来,狗便狂叫不止,我当时认为这样说有点过分了。六七年前,我被贬来到南方。冬天有幸赶上大雪越过五岭,覆盖了南越中的好几个州。这几个州中的狗,都仓皇地狂叫着乱咬乱跑,好几天都是这样,一直到雪消完后才不叫,这样我才知道以前听说的蜀犬吠日的事是真的。

后来,人们用"蜀犬吠日"这个成语比喻少见多怪。

知识密码

盖宽饶醒狂——

平恩侯许伯迁入新居,官员们都去道贺,但盖宽饶没去。许伯邀请他,他才去。许伯亲自给他斟酒,盖宽饶说:"不要多给我斟酒,我酒喝多了要发狂的。"魏侯笑着说:"你醒着时就有些发狂,哪里一定要喝酒呢?"

61 伤

字里乾坤

shāng

伤

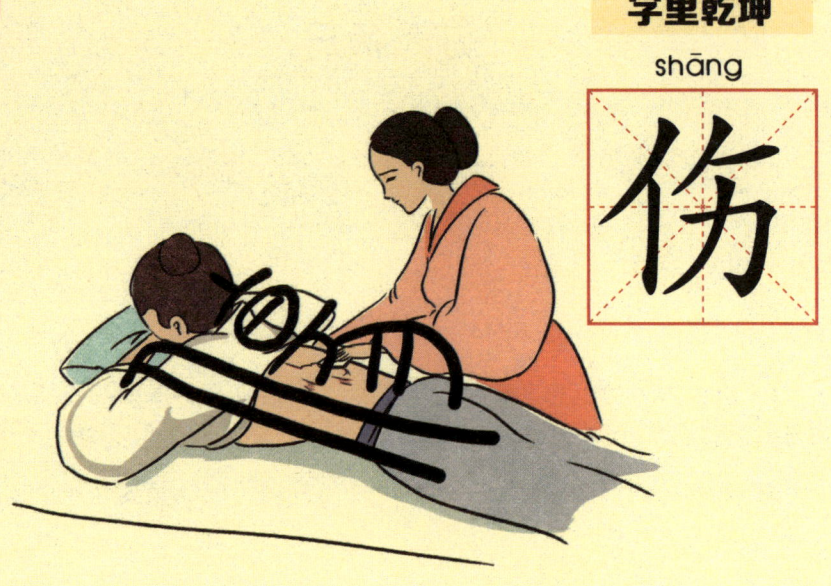

趣话汉字

小篆　楷体

伤，形声字。篆文的左边是一个人形，右边比较复杂，表示受到了箭伤，下边的"勿"像受伤的纹路，所以"伤"是指皮肉较浅的破损。汉字简化后，右边部分被简化成四笔，仍表示受伤的意思。

汉字故事

暗箭伤人
àn jiàn shāng rén

春秋时,郑庄公得到鲁国和齐国的支持,计划讨伐许国。那年夏天,郑庄公在宫前检阅部队,发派兵车。一位老将军颖(yǐng)考叔和一位青年将军公孙子都,为了争夺兵车吵了起来。颖考叔是一员勇将,他不服老,拉起兵车转身就跑。公孙子都向来瞧不起人,当然不肯相让,拔起长戟飞奔追去。等他追上大路,颖考叔早已不见人影了。公孙子都因此怀恨在心。

到了秋天,郑庄公正式下令攻打许国。郑军逼近许国都城,攻城的时候,颖考叔奋勇当先,爬上了城头。公孙子都眼看颖考叔就要立下大功,心里更加忌妒起来,对准颖考叔就是一箭,只见这位勇敢的老将军一个跟斗摔了下来。另一位将军瑕叔盈还以为颖考叔是被许国兵杀死的,连忙拾起大旗,指挥士兵继续战斗,终于把城攻破。郑军全部入了城,许国的国君许庄公逃亡到了卫国,许国的土地于是并入了郑国的版图。

像公孙子都那样趁人不备暗放冷箭的,就叫作"暗箭伤人"。现在,凡是采取任何不光明的手段暗地里伺机伤害别人的,都可叫"暗箭伤人"。

知识密码

《伤寒杂病论》——

《伤寒杂病论》,又作《伤寒卒病论》,为东汉张仲景所著,是中国第一部理法方药皆备、理论联系实际的中医临床著作。此书被认为是汉医学之内科学经典,奠定了中医学的基础。

62 器

字里乾坤

qì

趣话汉字

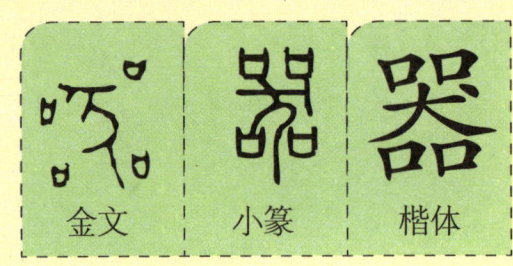

| 金文 | 小篆 | 楷体 |

器,会意字。金文字形的四边是四个口,表示叫声,中间是一条狗的形象,也就是说,狗叫为"器"。篆文和楷书都继承金文字形,变化不大,沿用至今。后来,"狗叫"这个意思消失,被假借为陶器、器皿,还引申为人的"才能"的意思,有才能必将受到"器重"。

汉字故事

大器晚成 (dà qì wǎn chéng)

东汉末年的袁绍身边有一位门客,名叫崔琰(yǎn),他从小喜习武艺,到了二十三岁才开始读《论语》《韩诗》,求师学习。由于他刻苦努力,学问也逐渐多起来。当时,袁绍的士兵非常残暴,常常掘开敌人的坟墓,让尸骨暴露出来。崔琰劝说袁绍不要这样做,袁绍认为他说得对,任命他为骑都尉。

后来,崔琰跟随曹操,为曹操出了不少主意。他做尚书时,曹操想立曹植为嗣子,而崔琰反对,他说:"自古以来的规矩是立长子,怎么能立曹植呢?"曹植是崔琰的侄女婿,尽管是亲属,他也不偏袒,曹操十分欣赏他的公正。

崔琰有个堂弟叫崔林,年轻时既无成就也无名望,亲戚朋友都看不起他,可是崔琰却很器重他,崔琰常对人说:"都说大器晚成,才能大的人需要长时间才能成器,崔林将来一定会成大器。"后来,崔林果然当上了冀州主簿、御史中丞,还在魏文帝手下当过司空。

知识密码

旧石器时代——

旧石器时代,是以使用打制石器为标志的人类物质文化发展阶段。从距今约300万年前开始,延续到距今1万年左右止。

63 晕

字里乾坤

yùn

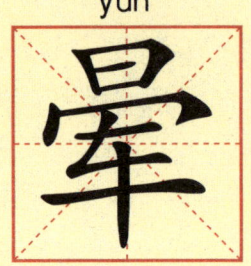

趣话汉字

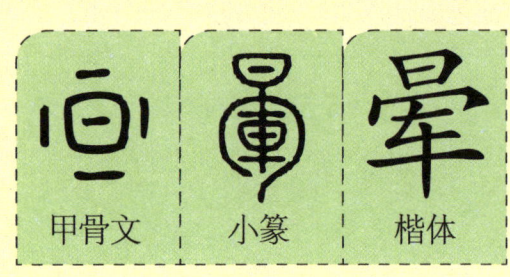

甲骨文　小篆　楷体

晕，形声字。甲骨文中间是一个太阳，周围是个光圈。到了篆文，只保留了太阳，又在它的下面加了一个"军"来表示读音。"晕"就是指日晕、月晕，因它有模糊不清的意思，后来人们又引申出"人眼花昏眩"这个意思，比如晕眩。

汉字故事

古人眼中的日晕

在古人看来，日晕是一种不好的兆头，预示着灾祸。

古代关于日晕的说法，大家见得最多的是白虹贯日。通常，古人认为日是君王之象，虹为臣象，白虹贯日就是臣下弑主的象征。在两个著名的刺客故事中都有白虹贯日的出现。

第一个是"聂政刺韩相，白虹贯日"。聂政无视兵戟卫士，直上而杀韩傀，居然一刀刺中两人。另一个就是荆轲刺秦王，"荆轲慕燕丹之义，白虹贯日，太子畏之"。

古人早期解释日晕的形成，一般从阴阳学出发，或者认为日晕是其他天体变化而成。到了唐代，人们对于日晕虹的认识已经接近了现在的说法，孔颖达认为："云薄漏日，日照雨滴则虹生。"（《礼记·月令》疏）以"斜风细雨不须归"诗句闻名的唐代诗人张志和，在著作中第一次提出了模拟成虹的实验方法："背日喷乎水，成虹霓之状，而不可直者，齐乎影也。"

知识密码

日晕——

日晕是一种大气光学现象，是日光通过卷层云时，受到冰晶的折射或反射而形成的，它呈围绕太阳的环形，彩色，有全晕圈和缺口晕。日晕的出现，往往预示天气要有一定的变化。

64 忍

字里乾坤

rěn

趣话汉字

金文　小篆　楷体

忍，形声字。金文的上部是一把刀，画出了刀刃的位置，表明这把刀十分锋利，字形的下部是一颗心，合起来表示拿刀在心上割，肯定十分难以忍受，就算心如刀割也不动摇。所以，"忍"就是忍耐的意思。篆文和楷书继承金文字形，字形变化不大。

汉字故事

陆逊忍辱负重

三国的时候，吴国有一位名将叫陆逊。他出身江南士族，豁达大度，善于谋略，孙权把兄长孙策的女儿许配给他为妻。222年，刘备率军攻吴，陆逊被任命为大都督。刘备出兵没几个月，就攻占了东吴五六百里的土地，翻山越岭，一直进军到了猇(xiāo)亭。东吴将士看到蜀军得寸进尺，步步紧逼，都想和蜀军大战一场，可是大都督陆逊却不同意。

当时，东吴的诸将不少都是打仗的能手，立过大功。他们对孙权派年轻的书生陆逊当都督，本来就很不服气，现在听到陆逊不同意他们出战，认为陆逊胆小怕打仗，更不满意，在背地里愤愤不平。陆逊见众将不理解他的战略意图，心里很生气，便手拿孙权授予他的"尚方宝剑"，说："我虽然是个书生，但是是奉主上的命令来行事的，你们只有服从。主上之所以委屈诸君在我这儿，就是因为我有可取的地方，希望你们能够忍辱负重，遵守军令，不要违抗。"

机会终于到了。一天晚上，陆逊命令将士每人各带一束茅草和火种，到了三更，冲进蜀营，用茅草点起火把，将蜀军的营寨点着了。等到刘备发现火起，已经无法抵抗。这一战，刘备兵士死伤不计其数，最后逃到了白帝城。

历史上把这场战争称作"猇亭之战"，也叫"彝陵之战"。

知识密码

《忍经》——

元朝著名学者许名奎所撰，分为一百个小箴集，以忍为话题，分别从道德、修身、读书、安贫乐道、教子、忠孝和勤俭等方面，揭示了为人处世之真谛。

65 · 梦

字里乾坤

mèng

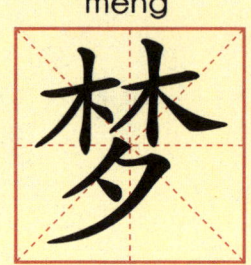

趣话汉字

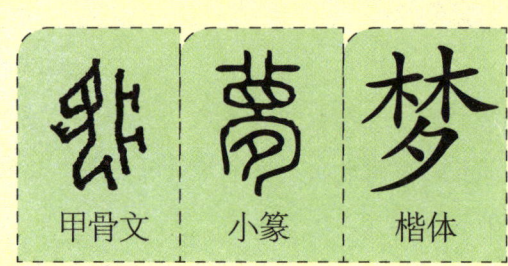

甲骨文　小篆　楷体

梦，会意字。甲骨文的右边是一张床，左边是一个人躺在床上，手抚额头，正在做梦。所以，"梦"就是指人睡着以后做梦。篆文变化较大，人和床的形状已经分不出来，又在下部增加了一个"夕"字，表示是在夜晚做梦。最后，到了楷书，上部的人和床变成了"林"，字形定型。

汉字故事

南柯一梦 (nán kē yī mèng)

相传，唐代有个姓淳于名棼(fén)的人，嗜酒任性，不拘小节。一天适逢他生日，他就在门前大槐树下摆宴和朋友饮酒作乐，喝得烂醉，被友人扶到廊下小睡。迷迷糊糊间，仿佛有两个紫衣使者请他上车，马车朝大槐树下的一个树洞驰去。

进了洞，他们来到一个有"大槐安国"匾额的门前，有丞相出门相迎，告称国君愿招他为驸马。淳于棼与金枝公主结亲，并被委任"南柯郡太守"。他勤政爱民，把南柯郡治理得井井有条，他上获君王器重，下得百姓拥戴。这时他已有五子二女，官位显赫，家庭美满，万分得意。

不料，檀萝国突然入侵，淳于棼率兵拒敌，屡战屡败，金枝公主又不幸病故。淳于棼连遭不测，辞去太守职务，从此失去国君宠信。他心中不乐，君王让他回故里探亲，仍由两名紫衣使者送行。走过一条洞穴后，淳于棼竟返回了家中，只见自己身子睡在廊下，不由吓了一跳。

淳于棼把梦境告诉众人，大家感到十分惊奇，一齐寻到大槐树下，竟掘出个很大的蚂蚁洞，旁有孔道通向南枝，另有小蚁穴一个。梦中的"南柯郡"和"槐安国"，其实就是蚂蚁窝。

知识密码

临川四梦——

临川四梦，又称玉茗(míng)堂四梦，指明代剧作家汤显祖的《牡丹亭》《邯郸记》《南柯记》《紫钗记》四剧的合称。前两部是儿女风情戏，后两部是社会风情剧。

66 贪

字里乾坤

tān
贪

趣话汉字

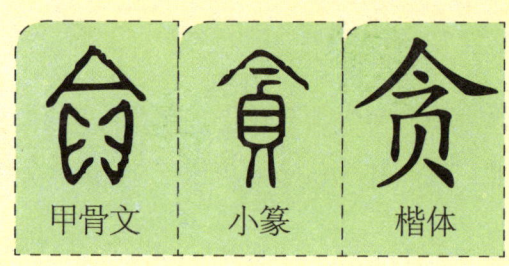

甲骨文　小篆　楷体

贪，形声字。甲骨文的上部是一个"今"字，表示含在嘴里，下面是一枚贝壳的形状，它是古代最早的货币，指代钱财。两者合在一起，就表示迷恋钱贝，想把它吞下去，有强烈的占有欲，不知满足。后来汉字简化，字形下面的"貝"被简化成了"贝"，这就是我们现在看到的"贪"。

汉字故事

贪得无厌
tān dé wú yàn

春秋末期,周朝分崩离析,各诸侯纷纷独立,割据一方。晋国是其中实力较强的一个诸侯国,有赵襄子、魏桓子、韩康子、范氏、智伯、中行氏六个上卿。其中,智伯野心勃勃,千方百计地想扩展自己的势力范围。

他先联合韩、赵、魏三家攻打范氏、中行氏,四家瓜分了范氏、中行氏的土地。过了几年,他又强迫韩康子割让了一块有一万户人家的封地。接着,他又威逼魏桓子。魏桓子迫不得已,也只好割地求和。

获得这三位上卿的土地后,智伯得意忘形,以为天下所有人都害怕自己,便又要求赵襄子割让蔡和皋狼这两个地方。赵襄子坚决不肯答应。智伯恼羞成怒,胁迫韩康子和魏桓子一同讨伐赵襄子,双方在晋阳对峙了三年。后来,赵襄子采纳谋士张孟谈的计策,说服韩康子和魏桓子,联合起来乘夜出兵偷袭智伯,将他杀死。

智伯因为十分贪心,永远得不到满足,这就是贪得无厌的下场。

知识密码

贪官严嵩——

严嵩是明朝时江西分宜人,弘治年间进士,嘉靖时任内阁首辅。他与其子严世蕃狼狈为奸,贪财纳贿,卖官结党,祸国殃民。他后来被弹劾罢官,抄其家所得金银、珍宝、字画,不计其数。

67 欢

字里乾坤

huān

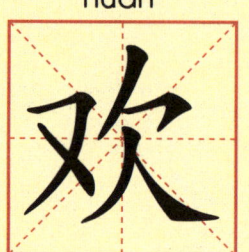

趣话汉字

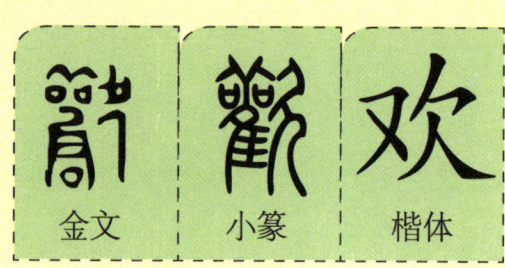

| 金文 | 小篆 | 楷体 |

  欢，形声字。金文的左边是一只大眼睛的鸟，用鸟的叫声来表声，右边是一个面朝左站立的人，张开口，似乎在欢快地笑着，看上去十分高兴。后来汉字简化，左边的鸟形消失，变成了"又"，书写更方便了。

汉字故事

握手言欢 wò shǒu yán huān

西汉末年，王莽篡(cuàn)政，建立新朝，天下大乱。当时的刘秀是刘氏子孙，心有大志，决定起义，夺回刘氏的江山，很多有才华与志向的人纷纷前来投奔。

当时，南阳动乱，李通与堂弟李轶也商量着，认为只有投奔刘秀才有出息。等到刘秀避难在宛县，李通就派李轶去迎接刘秀。等到见了面，李通侃侃而谈，智谋出众，而刘秀目光远大，是个知人善任的人。两人谈得投机，大有英雄相惜、相见恨晚之感。他们握手言欢，又十分愉快地握手告别。

几年之后，李通与刘秀在棫阳县相遇，两人都十分高兴，还共同攻下了南阳郡。后来，刘秀一统江山，建立了东汉，李通也成为东汉开国功臣，名列云台二十八将之一。

知识密码

合欢——

合欢，又名绒花树、夜合欢，是豆科合欢属植物，因昼开夜合故也名夜合。合欢是观赏植物，原产于中国、日本、韩国、朝鲜，现为我国山东威海市市树。

68 闹

字里乾坤

趣话汉字

闹，会意字。篆文的外部是面对面的两个武士，他们正在互相搏斗，中间部分代表集市。在人来人往的集市上争斗，一定是喧闹而嘈杂的。所以，闹的本义就是指嘈杂喧闹。后来，汉字简化，武士搏斗的形象消失，变成了内"市"外"门"。

汉字故事

闹元宵的传说

传说在很久以前,凶禽猛兽很多,它们四处伤害人和牲畜,人们就组织起来打它们。有一只神鸟因为迷路而降落人间,却意外地被不知情的猎人射死了。

天帝知道后十分恼怒,立即传旨,下令天兵于正月十五日到人间放火,把人间的人畜通通烧死。天帝有一个女儿,心地善良,不忍心看到百姓无辜受难,就冒着生命危险,偷偷驾着祥云来到人间,把这个消息告诉了人们。众人听说了这个消息,吓得不知如何是好。过了好久,才有个老人家想出个法子,他说:"在正月十四、十五、十六日这三天,每户人家都在家里张灯结彩,点响爆竹,燃放烟火。这样一来,天帝就会以为人们都被烧死了。"

大家都点头称是,便分头准备去了。到了正月十五这天晚上,天帝往下一看,只见人间一片红光,响声震天,连续三个夜晚都是如此,以为是大火燃烧的火焰,心中大快。就这样,人们保住了自己的生命及财产。

从此,每到正月十五,家家户户都悬挂灯笼、放烟火来纪念这个日子,逐渐演变成"闹元宵"的习俗。

知识密码

闹洞房——

闹洞房是传统婚礼中不可缺少的一个环节,可以算作是婚礼的高潮。据说闹洞房能驱逐邪灵的阴气,增强人的阳气。闹洞房从积极的意义上说,能增添热闹气氛,还能使亲友彼此熟识。

69 丧

字里乾坤

sàng

趣话汉字

甲骨文　小篆　楷体

　　丧，形声字。甲骨文中间是一个"桑"字，用来表声，四周是四个口，表示正在哭丧。所以，"丧"就是丧失、丧亡和死亡的意思。篆文的上部变成了一个"哭"字，下部加了一个"亡"字，表示"哭亡为丧"。最后，到了楷书，"口"形消失，哭丧的情景彻底消失。

汉字故事

丧家之狗
sàng jiā zhī gǒu

孔子是春秋时著名的思想家，奔波于各国之间，传播自己的思想。

有一次，孔子来到了郑国，他与弟子走散了，就在城墙东门旁发呆。郑国有个人看见了，就对子贡说："我在东门边看到一个人，他的前额像尧，他的脖子像皋(gāo)陶(yáo)，他的肩部像子产，不过自腰部以下和大禹差三寸。他看上去十分劳累的样子，待在那里动也不动，就像一条丧家之狗。"

后来，子贡就把这段话一五一十地告诉了孔子。孔子听完却很坦然，笑着说："他把我的外表说成这样，实在是有些夸张了。不过，他说我像一条无家可归的狗，这却是很正确的啊！我现在难道不是这样吗？"

在孔子看来，"丧家之狗"是自己精神世界的写照，是一种褒义和善意的比喻，并不是现在意义上所说的"丧家之犬"。

知识密码

丧权辱国的《南京条约》——

《南京条约》又称《江宁条约》，是中国近代史上与外国签订的第一个丧权辱国的不平等条约。

70 孤

字里乾坤

gū

孤

趣话汉字

小篆　楷体

孤，形声字。篆文的左边是一个站着的孩子，右边是一个还没有落地的瓜，看起来孤孤单单。所以，"孤"就是用还没有落地、孤零零的瓜比喻没有父母可依傍、单独生活的孩子，后来又引申为单独、唯一的意思。

汉字故事

孤注一掷
gū zhù yī zhì

宋真宗时,契丹人大规模入侵,一时间危机四伏。真宗召集群臣商量对策。大臣王钦若说:"契丹兵力雄厚,我们不能和他们正面发生冲突,前去求和,再送上金银珠宝和美女,契丹一定会退兵的。"宰相寇准反对:"还没有打,怎么就说丧气话?依我看,不如我陪着皇上御驾亲征,鼓舞士气,这样我们一定会打胜的!"真宗采纳了寇准的建议,后来果然在澶(chán)渊获得大胜,王钦若因此十分嫉妒他。

一天上朝,寇准先退下,王钦若就进言说:"陛下敬重寇准,是因为他有功劳吗?"皇帝说:"是。"王钦若说:"澶渊那场战役,陛下不以它为耻辱,而认为寇准有功劳,为什么呢?"皇帝惊讶地说:"你为什么这么说?"王钦若说:"城下的盟约,《春秋》认为是耻辱。澶渊的举动,也是城下的盟约。以您的尊贵而换得城下之盟,还有什么比它更羞耻的!"皇帝听后感到不高兴,脸色也变了。

王钦若说:"陛下听说过赌博吗?赌博的人钱快要输完了,就倾其所有赌最后一把,叫作孤注一掷。陛下是寇准孤注一掷的赌物,那也很危险啊。"从此,皇帝冷落了寇准。

知识密码

《赵氏孤儿》——

　　元朝杂剧,作者为纪君祥。戏剧叙述春秋时期晋贵族赵氏被奸臣屠岸贾陷害而惨遭灭门,幸存下来的赵氏孤儿赵武长大后为家族复仇的故事。

71 悬

字里乾坤

xuán

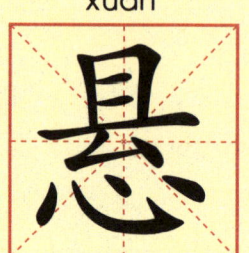

趣话汉字

小篆　楷体

悬，会意字。篆文的左边是一颗倒着的人头，还有弯弯曲曲的头发下垂，右边是一个"系"字，表示用丝线吊着的意思。后来，楷书在此基础上，又在底下加了一个"心"，表示牵挂或提心吊胆的意思。

汉字故事

悬梁刺股
<small>xuán liáng cì gǔ</small>

"悬梁刺股"是形容学习刻苦、奋发向上的意思,这个成语是由两个故事组成的。

"悬梁"的故事发生在汉朝。据说当时有一位名叫孙敬的贤士,他到洛阳求学,因为怕受睡眠困扰,就把头发绑住悬在梁上。如果读书疲累,眼睛一合上,头低下来,那悬在梁上的头发一拉,必定让他痛得醒过来。最后,他终于苦读有成。

"刺股"的故事发生在战国时的苏秦身上。他是战国时著名的纵横家,少时便有大志,随鬼谷子学习多年。为求取功名,他变卖家产,置办华丽行装,去秦游说秦惠王,欲以连横之术逐步统一中国,可惜没有被采纳。

由于在秦国的日子太久,以致盘缠将尽,他只好衣衫褴褛地返回家中。亲人见他如此落魄,都对他十分冷淡。苏秦羞愧难当,下决心用功学习,便拿出师傅送给他的《阴符》一书,昼夜苦读起来。读书时他准备了一把锥子,一打瞌睡,便用锥子往自己的大腿上刺,强迫自己清醒过来。如此坚持了一年,他再次周游列国,这次终于说服了齐、楚、燕、韩、赵、魏"合纵"抗秦,并手握六国相印。

知识密码

悬索桥——

又名吊桥,指上部主要承重构件是缆索的桥梁,这些缆索通过索塔悬挂或固定在两岸上。较为著名的有1969年建成的重庆朝阳大桥。

72 合

字里乾坤

趣话汉字

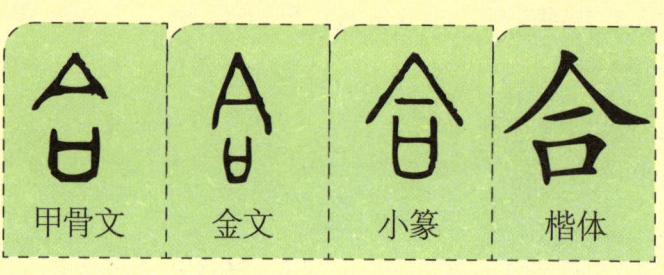

| 甲骨文 | 金文 | 小篆 | 楷体 |

合,象形字。甲骨文像是一个盛饭的食器,上部是盖子,下部是食器底,一盖一底就是"合"。金文和篆文都继承甲骨字形,变化不大,并基本定型。关闭就是"合",后来又引申为人与人之间相处融洽的意思,如"百年好合"。

汉字故事

天作之合
tiān zuò zhī hé

商朝时，商王文丁杀了周族首领季历以后，商周关系恶化。季历之子姬昌继位后，积极蓄聚兵力，准备为父报仇。此时，位于商王朝东南的夷方也先后同孟方、林方等部落叛乱，反对商朝。

帝乙即位后，为了避免东西两方腹背受敌，也为了修好商周两部落间紧张的关系，决定将胞妹嫁给姬昌，采用和亲的办法来缓和商周矛盾，稳定全局，希望唇齿相依的商周两部落之间彼此不计前嫌，亲善相处。

姬昌审时度势，认为灭商时机还未成熟，为了稳住商王，同时争取充足时间，同意与商联姻。帝乙亲自择定婚期，置办嫁礼，并命姬昌继其父为西伯侯。成婚之日，西伯亲自去滑水相迎，以示其郑重之极。

周人自称"小邦周"，称商为"大邑商"，现在能够与商王之妹联姻，人们觉得这是"天作之合"。此事史称"帝乙归妹"，一时传为美谈，商周双方皆大欢喜，商周重归于好。

知识密码

合谷穴——

合谷穴是人体的一个穴道，用一只手的拇指第一个关节处正对另一手的虎口边，拇指屈曲按下，指尖所指处就是合谷穴。

73 · 弱

字里乾坤

趣话汉字

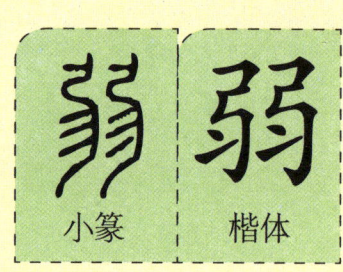

弱，会意字。篆文字形就是两张弓，每张弓下面都有三撇，像柔弱的须发一样，表示强劲的弓弩在使用很久之后失去了弹力、缺乏力量的意思，这就是"弱"。后来，到了楷书，"弓"形仍在，只是下面的三撇变成了两点。

汉字故事

轻盈瘦弱赵飞燕
qīng yíng shòu ruò zhào fēi yàn

汉朝时的赵飞燕出身平民,父亲赵临很穷。赵飞燕一出生就被抛弃了,三天后竟然还没死,赵临便又抱回家中抚养。没想到长大后,她出落成一位美女,依附阳阿公主,学习歌舞。

有一次,汉成帝来到阳阿公主府,阳阿公主把养在府中的女子都叫出来,取悦汉成帝。汉成帝见到赵飞燕后,被其美艳和舞姿所迷,十分高兴,便把她招入宫中。

赵飞燕体态极其轻盈,人也长得瘦弱,所谓"环肥燕瘦",讲的便是杨玉环和她。每当她纤腰款摆、迎风飞舞时,就好像要乘风而去一般。

传说有一天,她穿了一件云英紫裙来到太液池边,在笙歌鼓乐中翩翩起舞,突然间狂风大作,她竟然像风筝一样飘了起来。成帝赶紧叫乐师们拉住赵飞燕的裙摆,免得她被风吹走。待风停时,他们发现赵飞燕的云英紫裙竟被抓得皱皱的。从此以后,宫女中盛行穿折叠出褶皱的裙子,还美其名曰"留仙裙"。

知识密码

弱冠——

古代男子二十岁称作"弱冠",这时就要行"冠礼",即戴上表示已成人的帽子,后世泛指男子二十岁或二十几岁的年龄为弱冠,不能用于女子。

74. 渴

字里乾坤

kě

趣话汉字

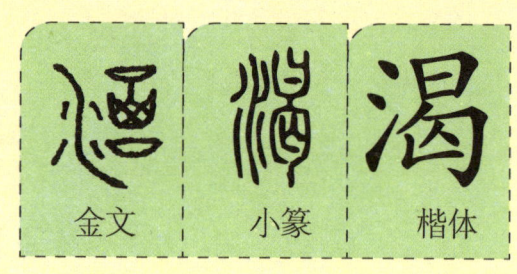

金文　小篆　楷体

渴，形声字。金文的左边是一个"水"字，右边上部是一个像水袋一样的东西，下面是人的一张嘴。人的口干了，就拿出身边的水袋来喝水，想解一解渴。篆文继承金文字形，只是右边的"口"形已看不出。到了楷书，就变成了左边是"氵"、右边是"曷"的字。

汉字故事

饮鸩止渴
yǐn zhèn zhǐ kě

东汉顺帝时,有人向大将军梁商诬告霍谞(xū)的舅舅宋光,说宋光擅自删改朝廷法令。梁商把宋光囚在洛阳的监狱里,严刑拷打。

当时,霍谞才十五岁,他看到舅舅的不幸遭遇,就上书给大将军梁商说:"请大将军明察,宋光哪会冒杀头的危险删改朝廷法令来解决细微的事情呢?这就好比是有人肚子饿了,就用有毒的附子来充饥一样;口渴了,就用鸩(传说中的毒鸟,用它的羽毛浸酒,可制成有剧毒的酒)酒来解渴一样,完全是自寻死路。这两种东西,不等到达肠胃,在咽喉里就能让人送了性命。将军,有谁会这么傻,这样的事又有谁会做呢?"

梁商听完霍谞的话,觉得很有道理,就对皇上说了。没过多久,宋光就被释放了。

"饮鸩止渴"的意思是喝毒酒解渴,比喻只贪图一时的便利,而不考虑可能带来的严重后果。

知识密码

盗泉宁渴——

孔子因厌恶盗泉之名,渴亦不饮其水。后遂用盗泉宁渴、掩口盗泉等表示宁死也不接受不义之物,决不与恶势力同流合污,用盗泉、盗水等表示不义之物,亦表示水源荒乏。

75 疑

字里乾坤

yí

疑

趣话汉字

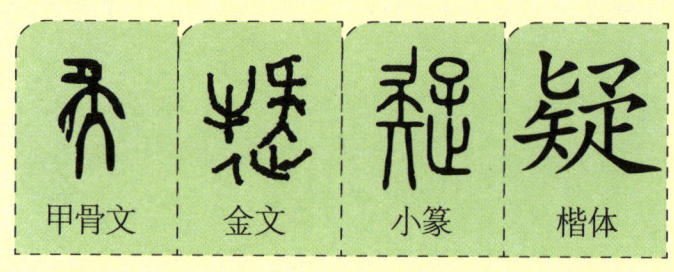

| 甲骨文 | 金文 | 小篆 | 楷体 |

疑，象形字。甲骨文是正面站着的一个人，面部转向左，张开嘴巴，像左顾右盼的样子。金文变得复杂起来，左上部是个"矛"，下面加了个"走"，表示向迎面而来的人问路的意思。所以，"疑"就是怀疑、困惑的意思。最后，随着演变，字形变化较大，就成为我们今天看到的样子。

汉字故事

疑邻盗斧
yí lín dào fǔ

从前有一个乡下人,他不小心丢了一把斧子。他怀疑是邻居家的儿子偷去了,便去观察那个人。他看来看去,觉得那个人走路的样子鬼鬼祟祟,像是偷斧子的;又看那人的脸色和表情有些慌张,也像是偷斧子的;听他的言谈话语,更像是偷斧子的。总之,那人的一言一行,一举一动,没有一处不像是偷斧子的。

不久后,这个丢斧子的人在挖水渠时发现了自己的斧子,他欣喜若狂。第二天,他又见到了邻居家的儿子,他突然觉得这个人的言行举止没有一处像是偷斧子的人了。

这个故事告诉我们,主观成见是认识客观真理的障碍。当人带着成见去观察世界时,必然歪曲客观事物的原貌。所以,我们要实事求是,从实际出发,不能凭空猜想。

知识密码

七十二疑冢——

传说,曹操怕死后被人发掘坟墓,就在河北省磁县一带造了七十二个疑冢,吊足了人们的胃口。但是,曹操墓的确不在这"七十二疑冢"里。

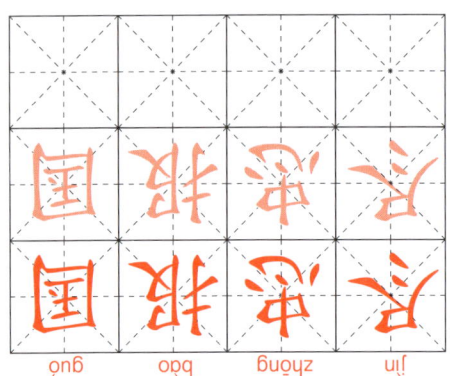
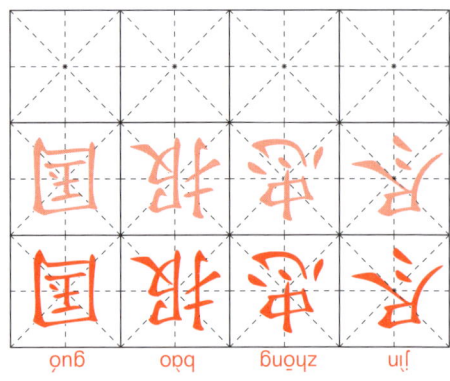

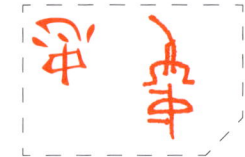

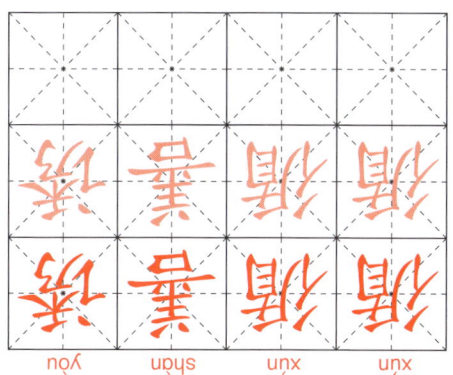
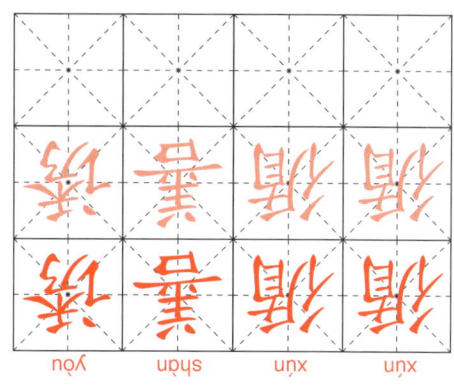

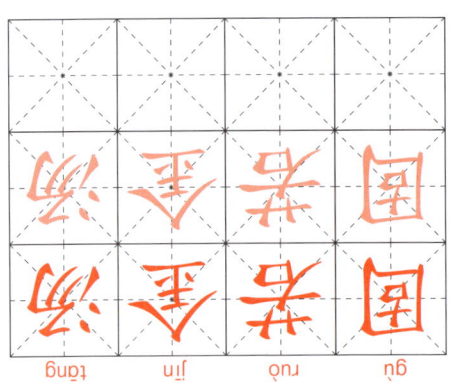
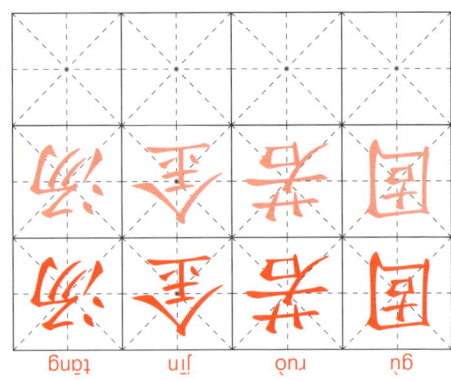

gù　ruò　jīn　tǎng

lè	cǐ	bù	pí
乐	此	不	疲
乐	此	不	疲

lè	cǐ	bù	pí
乐	此	不	疲
乐	此	不	疲

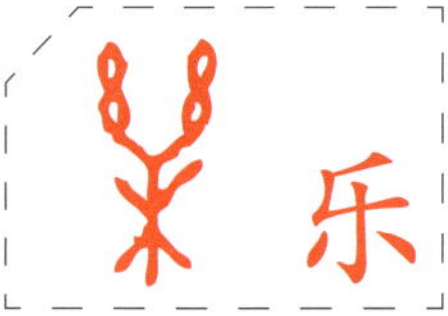

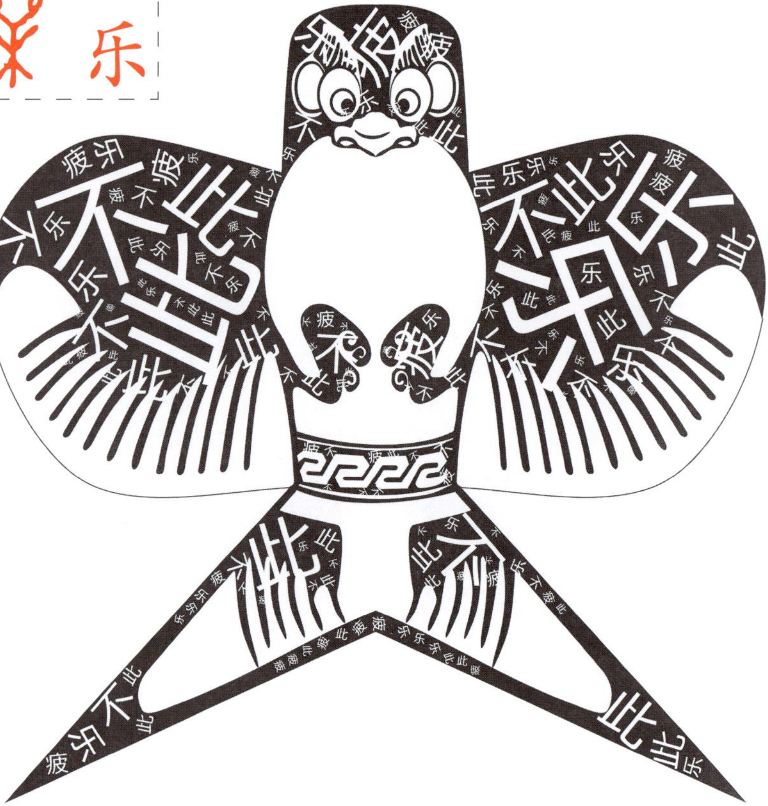

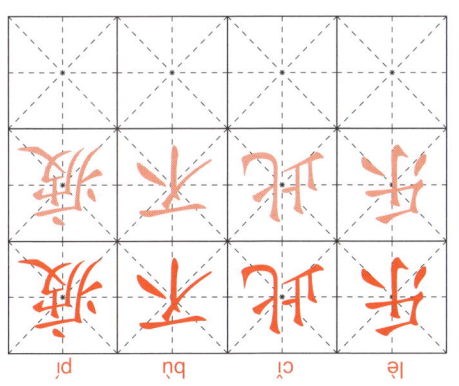

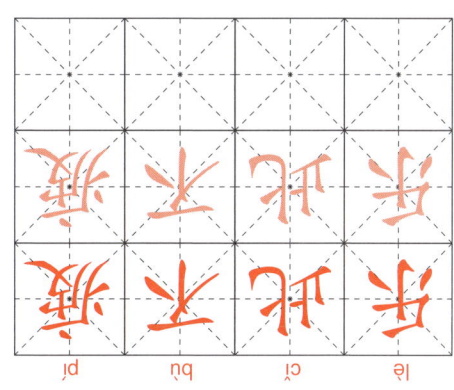

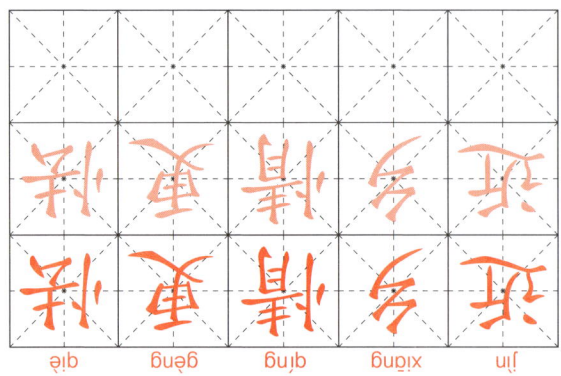

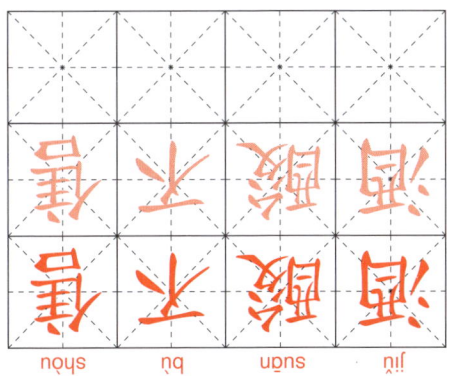
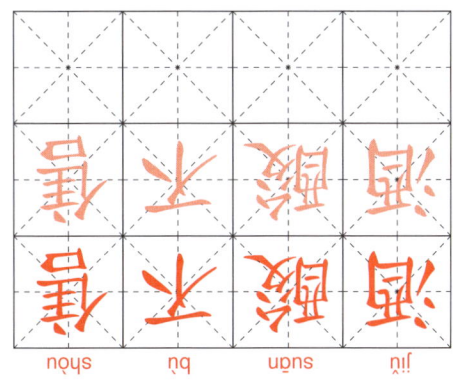

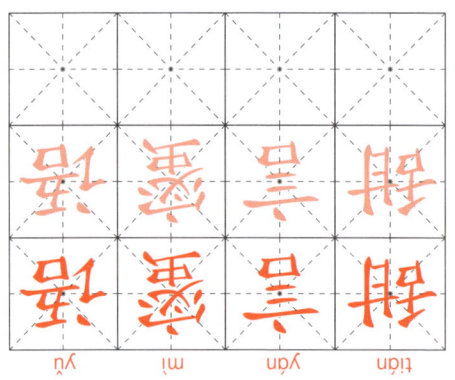
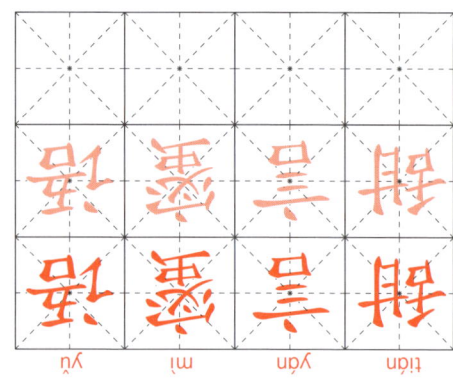

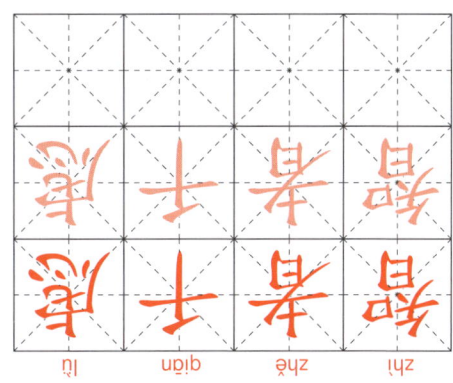
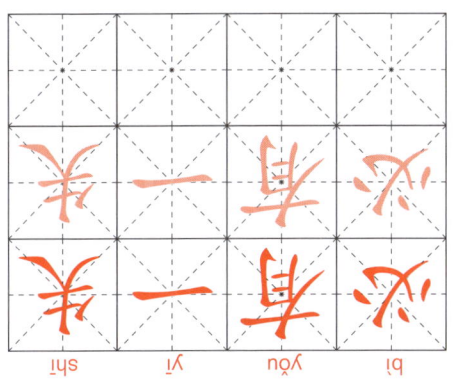

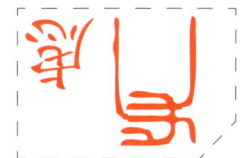

怡

yí	rán	zì	dé
怡	然	自	得
怡	然	自	得

yí	rán	zì	dé
怡	然	自	得
怡	然	自	得

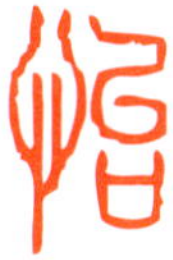

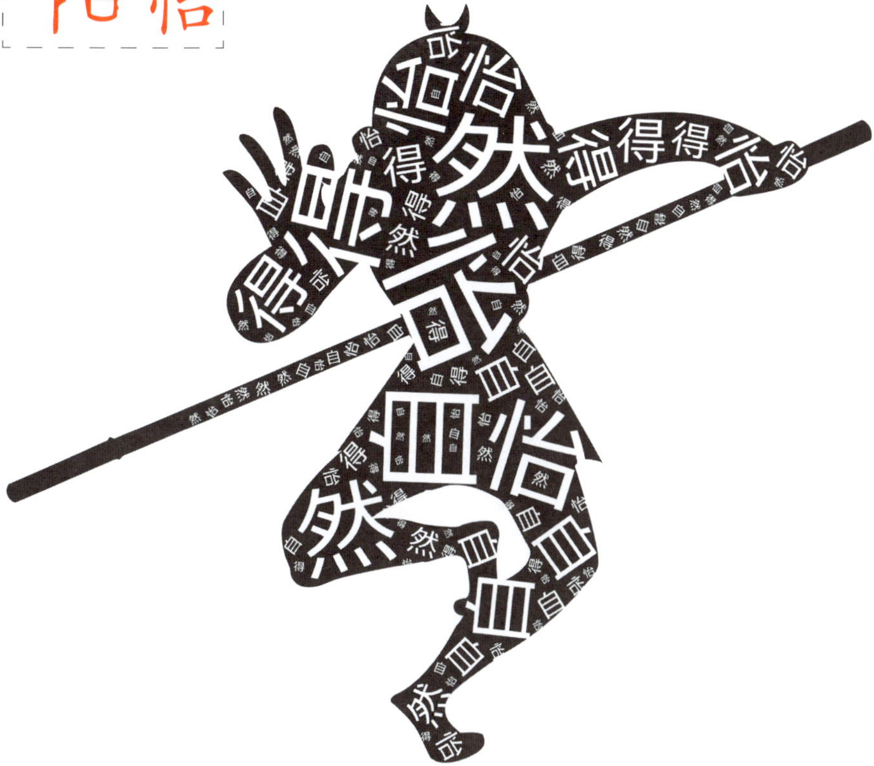

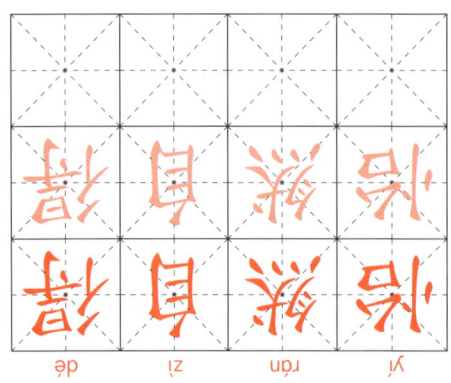

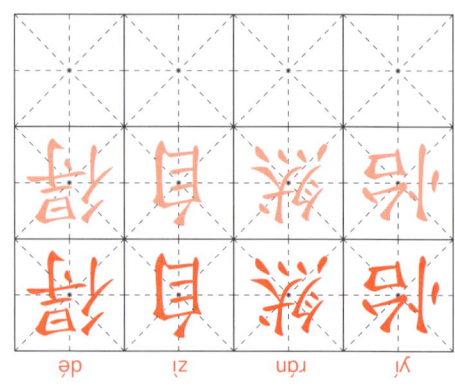

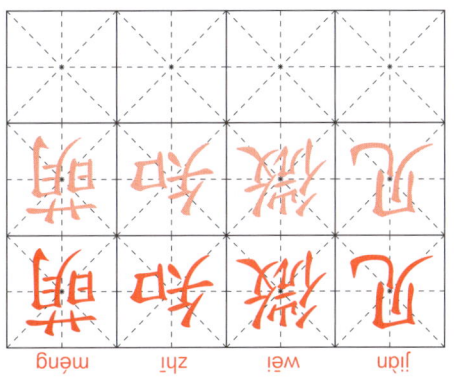
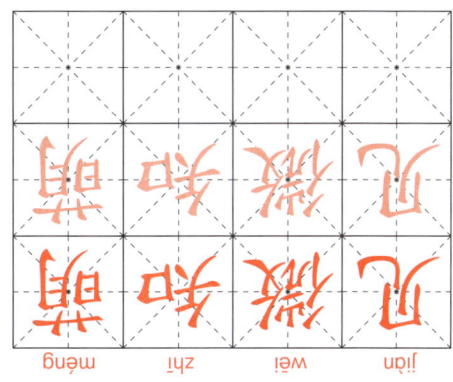

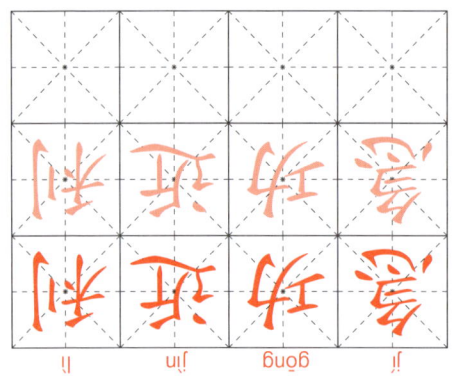
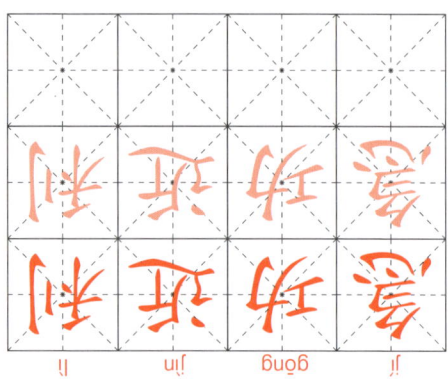

畏

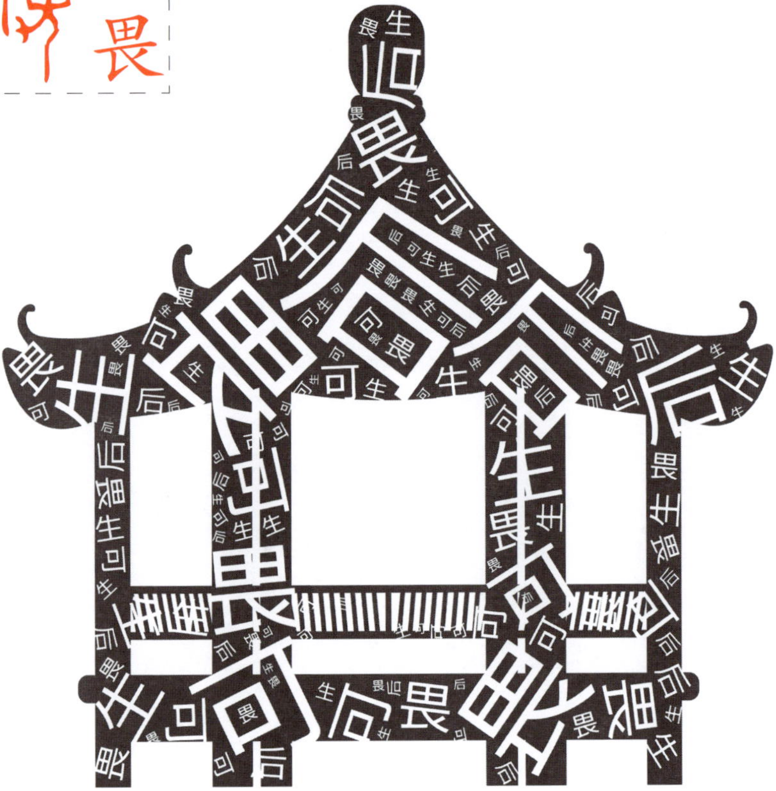

hòu	shēng	kě	wèi
后	生	可	畏
后	生	可	畏

hòu	shēng	kě	wèi
后	生	可	畏
后	生	可	畏

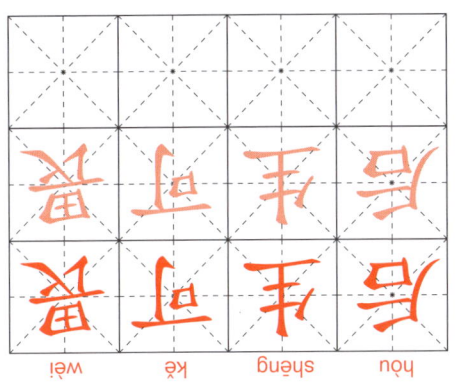

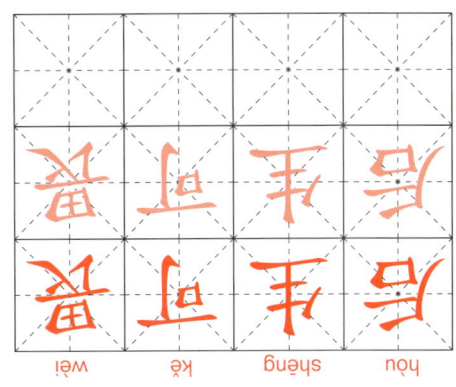

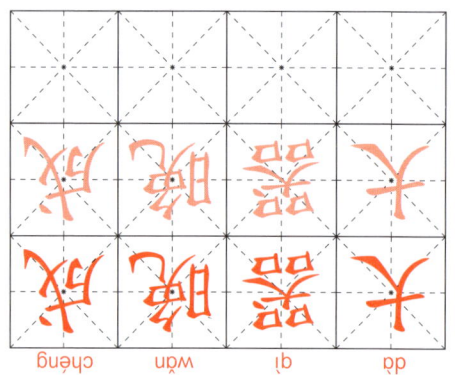
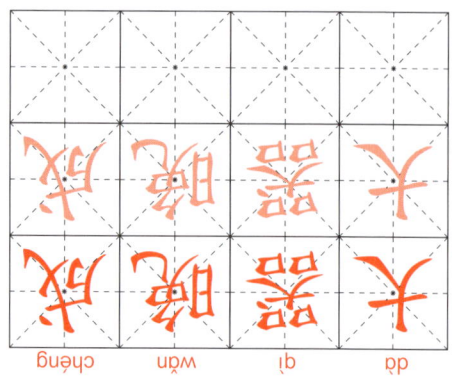

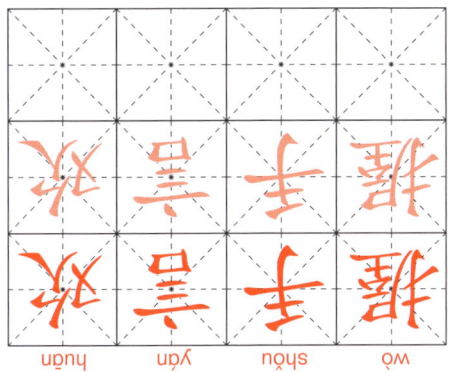
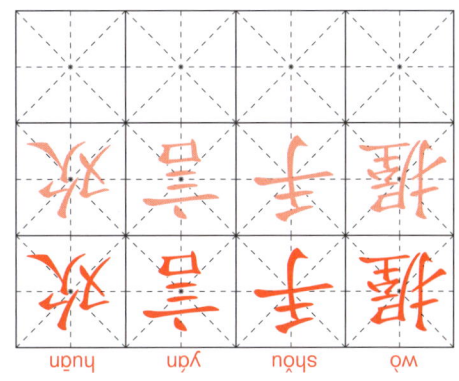

使用说明：

1. 涂色，绘本未图像中蕴含大量的空白色色的，可以自己上色。
2. 摘纸，摘纸本中有摘纸的字格，可以是用字格中的图片来完成。

染色大赛：

1. 参加涂色大赛的小朋友，请其先关注我们的公众号。
2. 请在2016年6月1日前将涂好色的图片发至我们的公众号，或者发到邮箱 xiaodouyadushu@163.com。
3. 我们将会为收到的作品发出微信或者信件为凭。
4. 决出获胜前多的前三名，将会按信的提供我们精美礼品一份。

关注我们的微信
参加涂色大赛吧